高速公路隧道光环境控制

王希良 著

科 学 出 版 社
北 京

内 容 简 介

为了实现隧道安全条件下照明节能目标，本书在深入分析隧道照明质量影响因素及评价指标的基础上，采用两款照明软件分别模拟了高速公路隧道照明场景，对隧道各段布灯方式及参数进行了优化，提出了混合灯具组合照明方案；建立了以隧道洞外亮度、车速和车流量为输入参数，隧道洞内亮度为输出参数的隧道照明模糊控制模型，实现了根据天气环境和交通参数的变化、在满足安全行车的情况下实时调节隧道洞内亮度的目标，节能效果明显。

本书可供从事高速公路隧道运营管理和研究工作的研究生、教师、科研人员、工程技术人员、管理人员参考。

图书在版编目（CIP）数据

高速公路隧道光环境控制/王希良著. —北京：科学出版社，2021.5

ISBN 978-7-03-068734-0

Ⅰ. ①高… Ⅱ. ①王… Ⅲ. ①高速公路-公路隧道-公路照明 Ⅳ. ①U459.2

中国版本图书馆 CIP 数据核字（2021）第 082604 号

责任编辑：牛宇锋 / 责任校对：王萌萌

责任印制：吴兆东 / 封面设计：蓝正设计

科学出版社 出版

北京东黄城根北街 16 号

邮政编码：100717

http://www.sciencep.com

北京中石油彩色印刷有限责任公司 印刷

科学出版社发行 各地新华书店经销

*

2021 年 5 月第 一 版 开本：720 × 1000 B5

2021 年 5 月第一次印刷 印张：9

字数：175 000

定价：80.00 元

（如有印装质量问题，我社负责调换）

前　言

目前我国已成为隧道工程量最大、技术发展最快的国家，交通运输部发布的《交通运输行业发展统计公报》数据显示，到 2019 年末，全国公路隧道 19 067 处、1 896.66 万米，其中特长隧道 1 175 处、521.75 万米，长隧道 4 784 处、826.31 万米。

隧道行车环境呈半封闭状态，自然光无法直接照射，给驾驶员带来了复杂的视觉困扰：白天行车，隧道入口处亮度差异大，产生“黑洞效应”，驶出隧道时出口处亮度差异大，产生“白洞效应”，车辆在隧道中行驶驾驶员易产生“视觉障碍”，影响行车安全。因此，良好的照明系统对隧道安全行车环境非常重要。此外，在高速公路隧道运营成本中，照明占比很高，亮度浪费问题较多。

为了实现隧道安全条件下照明节能目标，本书在深入分析隧道照明质量影响因素及评价指标的基础上，利用两款照明软件分别模拟了高速公路隧道照明场景，对隧道各段布灯方式及参数进行了优化，提出了混合灯具组合照明方案；建立了以隧道洞外亮度、车速和车流量为输入参数，隧道洞内亮度为输出参数的隧道照明模糊控制模型，实现了根据天气环境和交通参数的变化、在满足安全行车的情况下实时调节隧道洞内亮度的目标，节能效果明显。

本书得到了如下项目支持：河北省重点研发计划“河北省高速公路长大隧道运营安全防控与事故快速修复技术研究(18275406D)”；河北省交通运输厅科技项目“高速公路隧道养护技术和决策支持体系研究(Y-201601)”；河北省交通运输厅科技项目“山区高速公路长下坡隧道交通安全评价与保障关键技术研究(冀交科技[2018]409 号 201816)”。在此表示感谢。

研究生刘强、李晓寒为本书做了大量工作，向两位同学表示感谢。贾晗为本书的文字整理做了工作，在此表示感谢。

由于作者学术水平和实践经验有限，书中难免存在不妥之处，敬请广大读者不吝指正。

作　者

2020年11月

目 录

第一章　绪　　论

1.1　研究背景及意义

1.1.1　研究背景

目前我国已成为隧道工程量最大、技术发展最快的国家，交通运输部发布的《交通运输行业发展统计公报》数据显示，到 2019 年末，全国公路隧道 19 067 处、1 896.66 万米，其中特长隧道 1 175 处、521.75 万米，长隧道 4 784 处、826.31 万米，隧道历年发展情况见图 1-1。

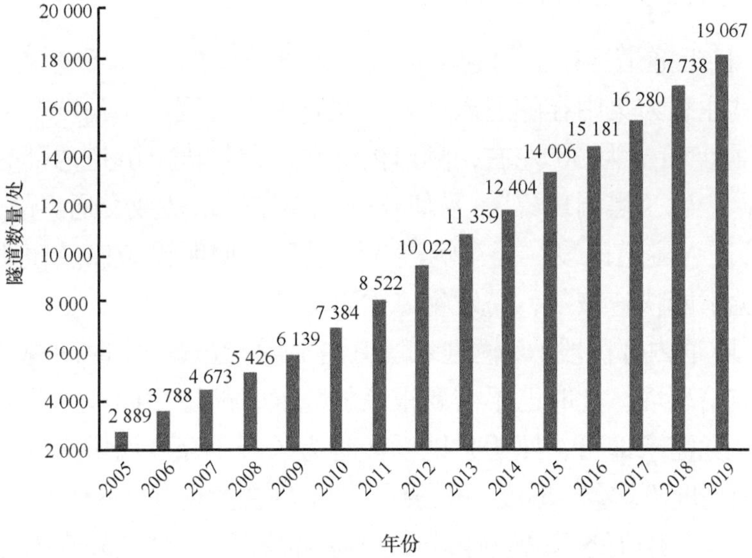

图 1-1　2005～2019 年公路隧道数量发展情况

隧道行车环境呈半封闭状态，自然光无法直接照射，给驾驶员带来了复杂的视觉困扰：白天行车，隧道入口处亮度差异大，产生“黑洞效应”，驶出隧道时出口处亮度差异大，产生“白洞效应”，车辆在隧道中行驶驾驶员易产生“视觉障碍”，影响行车安全。

隧道照明系统对隧道安全行车环境非常重要，良好适度的隧道照明系统可提高行车安全，减少亮度浪费。在高速公路隧道运营成本中，照明占比很高，如某高速公路隧道每月电费消耗达数百万元，照明费用已成为隧道机电系统中的主要开支[1-3]。因此如何在保证行车安全的前提下提高隧道照明节能效果意义很大。目前的隧道照明设计中，灯具的设计一般取决于一年中洞外最大亮度和最高行驶速度，大大增加了电能的浪费[4]，某些山区隧道车流量相对较小，隧道灯具却全天候开启，耗能严重；有些隧道照明虽然采用了时序控制或回路控制，根据季节变化或者一天时间变化调节隧道照明亮度，但对车流量、车速、隧道洞外亮度的变化情况考虑较少，照明节能效果一般。总体来讲，高速公路隧道照明存在如下问题。

1. 行驶车辆进出隧道对驾驶员视觉的困扰

(1) 接近隧道区段。驾驶员从隧道外部开阔的行车环境快速接近隧道时，其注意力集中在隧道入口处，视野由大角度向小角度变化，视觉角度由 120°转变为 30°左右，隧道内外亮度差异大，隧道内部亮度小、光线弱，产生“黑洞现象”，易使驾驶员操作失误造成交通事故。

(2) 进入隧道区段。当车辆进入隧道后，照明设施以及照明条件不足，视觉不能快速恢复，易发生二次事故。

(3) 隧道内部区段。车辆进入隧道内部后，经过一定时间视觉会恢复并且适应暗环境，此时已不需要很高的亮度，隧道中间段的照明亮度满足基本视觉需求即可，照明系统设计时为了减小亮度而增大灯具间距，致使路面亮度不均匀，形成“斑马线”等不良视觉现象，不利于行车安全。

(4) 隧道出口处。车辆从隧道内部暗环境驶出，隧道外部强烈的亮度会造成眩目，产生“白洞现象”，这种影响视觉的因素潜在危险性严重。

2. 隧道照明控制情况

(1) 隧道照明各段的亮度是根据隧道洞外亮度和交通参数确定的，入口段的亮度影响过渡段，隧道入口段亮度一直保持最大值或者取每季度的亮度最大值，无法进行动态调整，电能浪费大。

(2) 隧道照明调控方式相对单一，多采用分级时序控制或回路控制，该方法没有考虑天气和交通的实时变化，一方面隧道内亮度不足影响行车安全，另一方面也可能导致隧道内亮度过高而造成能耗浪费。

(3) 在照明光源方面，很多隧道使用的光源都存在照明效果不佳、使用寿命短、启动时间长等问题；虽然新型发光二极管(LED)灯由于发光效率高、寿命长等优点在隧道中有广泛应用前景，但目前LED灯质量参差不齐，没有统一标准，在隧道照明中应用尚未完全普及；高压钠灯虽广泛应用，但很难实现自动控制。

(4) 在隧道照明灯具布置方面，公路隧道照明设计相关规范仅规定了灯具的布置形式，未规定哪种布灯方式更有利于照明，也未规定灯具的功率、安装高度、安装角度、布灯间距等参数。

(5) 传统灯具无法调节亮度大小，尽管新型LED灯、无极灯可进行无极调光，对隧道照明进行智能控制，但在灯具的适应性，洞外亮度、车速及车流量等参数之间匹配关系的合理性，隧道入口段照明亮度的合理性，隧道照明调光方式的适用性等方面依然存在诸多问题需要解决。

理想的隧道照明系统应该能满足行车安全与节能需求，使隧道亮度随隧道外亮度、车速、车流量等参数变化而变化，并根据车流量调节照明亮度值。

1.1.2 研究意义

隧道的特殊环境须全天照明，电能消耗巨大，例如，钱卫建统计了2015年舟山跨海大桥、甬台温高速公路甬台段及台金高速公路的水电费，结果表明，全路段的水电动力费2 687万元，其中隧道电费1 630万元，占总费用的60.66%[5]。2016年，我国公路隧道照明费用56.2亿元，其耗能占高速公路运营总耗能的85%，报告显示，隧道内的“过度照明”引起的电能浪费约占比70%[6]。

有研究表明，将LED灯代替传统隧道灯具，会减少50%的照明耗能，而在应用LED灯基础上，若隧道照明采用智能控制技术可再次节能至少30%[7]。

因此，选择新型灯具、合理的布灯方式、智能照明控制技术对于高速公路隧道照明系统的安全和节能等有重大意义。

如何在隧道照明质量保证安全行车的前提下，进行照明节能研究十分必要。高速公路隧道照明安全、节能控制研究意义体现在以下几方面：

(1) 基于隧道出入口段洞内外亮度、车速、车流量等参数之间关系分析，提出按需照明对策，减小“黑洞效应”“白洞效应”影响，降低视觉障碍，进一步保障行车安全。

(2) 对隧道照明控制方式进行优化，充分考虑天气和交通等参数的实时变化，在保障安全行车的前提下，按需照明。

(3) 对隧道灯具进行优化选择，选用具有无极调节功能的 LED 灯、无极灯等新型灯具，有效避免分级调光控制方法造成的路面亮度不均匀现象。

(4) 优化隧道布灯方式、布灯参数，保障隧道照明亮度，提高视认距离。

本书旨在通过对高速公路隧道照明安全、节能控制技术的分析研究，进一步优化隧道布灯方式和灯具组合方式，进行隧道照明智能控制，提出基于安全的高速公路隧道照明节能控制方法，在保障安全行车的前提下，优化隧道照明质量，提高目标可见度，提高光源利用率，减少能耗，按需照明。

1.2 国内外研究现状

1.2.1 国外研究现状

隧道照明系统的难点在于如何消除或者减弱进出隧道时的不良视觉影响，使视认状态达到最优，以及在满足行车安全基础上的照明亮度取值最小。

国外在 20 世纪初就开始对高速公路隧道照明技术进行研究，研究成果较多、相关技术较成熟。各国在隧道照明节能、安全、绿色、环保等方面做了一系列研究。为了减少交通事故，提高隧道照明技术水平，多个国家先后制定了隧道照明设计规范，例如，美国照明工程学会(Illuminating Engineering Society of North America，IES)的《隧道照明建议》[8]、日本的《隧道照明指针》[9]和欧洲 EUROSTD《欧洲隧道照明标准》[10]等。Lopez 提出了使用车辆成像技术计算隧道照明亮度要求的方法[11]。He 等为了提高公路隧道交通的安全性，通过测量对象反应时间和错过目标率来研究周边视觉影响，结果表明，逐渐的亮度变化导致短暂的失明和视觉下降，对于蓝色目标而言，试验者的敏锐度和警觉性比红色目标更好，白色目标对于隧道过渡区和内部区域中的绿色目标更好，选择公路隧道灯具时，应考虑过渡区和内部区域的暗视觉/明视觉比和中间亮度[12]。

2013 年，意大利学者 Cami 等通过对隧道内外的亮度差、交通量和速度等因素进行研究，提出了智能化的照明控制方式，在改善驾驶员的安全舒适性外降低了能源消耗[13]。针对高速公路隧道照明系统智能控制方面研究相对较多，Musa 等对隧道采用三级控制策略，并且测量隧道照度以及车流信息，通过自适应调整方法来达到闭环控制效果，其节能效率为 22.1%[14]。Renzler 等建立了公路隧道模型，使用正在运行的 LED 灯以可变速度模拟汽车的交叉运行，对比反光束和探照灯照明，认为探照灯照明比反光束照明产生更好的物体照明[15]。Jim Degnan 发表了论文 *Lighting Mountains*，对公路隧道照明理论和光源的选取进行了总结分析。

从 20 世纪 60 年代意大利和法国之间的 Mount Blanc 隧道根据车流量变化应用的照明调光控制技术，到 20 世纪 70 年代应用的隧道照明自动控制技术，再到 21 世纪初欧美国家渐渐应用的隧道照明智能控制技术，研究者不断探索。Garcia 等给出了一种通过隧道内 LED 灯发射的光通量来控制照明的方法[16]。Parise 将无线传感网络应用于隧道照明，构建了一个闭环控制系统，并在室内试验中进行了验证[17]。

Pachamanov 等针对隧道照明节能问题建立了优化模型，得出了最优布置参数[18]。Lai 等对隧道各区段照明灯具的配光曲线进行了优化，给出了隧道各区段优化的配光曲线形状[19]。Qin 等提出了基于车流量的隧道照明控制系统，白天利用比例积分微分(PID)调光进行控制，晚上利用“车进灯亮，车走灯暗”控制隧道照明，能满足行车基本需求，但车流量较小时不能做到有效照明[20]。Tran 等利用模糊控制神经网络对 LED 照明控制系统进行了研究，通过对控制设备进行建模、训练、分析，提高了隧道亮度调节的准确性，但该实验仅进行了仿真，没有搭建真实环境进行测试验证[21]。Musa 等利用三级控制策略控制隧道照明，根据测量隧道亮度值、交通信息，利用自适应调整方法达到闭环控制效果，节能效果较好[14]。

1.2.2 国内研究现状

2014 年，我国颁布了《公路隧道照明设计细则》(JTG/T D70/2-01—2014)(以下简称《细则》)，旨在提高隧道照明的利用率、降低运营成本[22]，进一步明确了公路隧道照明设计参数，对建设节能型隧道起到了指导作用。

1. 照明节能控制

我国对高速公路隧道照明研究起步较晚，国内学者从公路隧道照明系统的安全性与适用性方面进行了系列研究，在隧道照明设施的节能与绿色减排等方面做了很多工作。王乾等针对公路隧道出入口照明耗电量巨大、洞内外亮度相差巨大等问题，分析了洞外减光结构(格栅减光、减光棚减光和生态减光等)特征，得出了在透光率 10%时路面照度更能满足视觉需求的结果[23]。杨翠等研究了山区公路隧道的交通流特性，提出了多山地带公路隧道限速以及改变隧道照明控制方式的安全节能控制方案[24]。王锦超分析了 LED 灯与高压钠灯的照明特性，设计了自适应照明控制系统，实验证明，在交通量较小的时期，柔性调光系统年节电 34%，自适应照明控制系统每年节约上万度电能，节能效果显著[25]。郭春针对特长公路隧道照明节能需求，通过对不同交通量下道路照度与电压之间的关系研究，得到了路面照度与电压之间的影响关系，确定了不同车流量状态下的电压调节范围，安全节能效果较好[26]。

2. 照明灯具优化

肖少宁等通过对隧道灯具对比分析，从诸多案例中证明了 LED 灯在隧道照明中的应用前景[27]。李然等分别对隧道照明灯具不同安装高度和安装角度进行了仿真分析，确定了灯具最佳安装位置[28]。顾永鑫改进了亮度设计曲线，进行了三元参数分组调光设计，使得系统在行车安全条件下照明节能效果较好[29]。韩文元等对照明区域边界条件进行了计算，并对 20 种不同的公路隧道照明灯具进行了有效光通量和光通量利用系数计算，结果表明，与典型普通灯具对比，样本总体能源消耗下滑了 20%，最大下降幅度达到 41%[30]。沙欣以黄延高速公路某隧道为例进行了试验研究，优选了灯具、改善了调光技术和照明系统控制方式，节能效果显著[31]。游峰等在对自然光研究的基础上得到了光线分布模型，以潮惠高速公路银山隧道为例进行了隧道入口段的自然光利用研究，结果显示，入口段与加强段照明采用连廊的自然光可以增大行车安全并且节约成本[32]。周园会等通过对隧道入口段的事故状态分析，提出了一种利用反射镜来对太阳光进行定向反射的隧道照明方法，该方法的应用提高了隧道入口段的亮度、减少了电能浪费、简化了照明系统控制方式、提高了太阳光的利用程度，是一种有发展前景的方法[33]。

3. 隧道照明控制方式

《细则》明确了公路隧道各段最低亮度以及亮度均匀度，减少了不必要的灯具布设浪费，为设计者提供了更合理的参考依据，对我国隧道照明的节能设计起到了很好的指导作用[23,34]。

近年来在隧道照明系统智能化控制方面进展很大，沙欣采用 LED 无极调光模式，利用神经网络模糊控制模型对黄延高速公路隧道进行了亮度实时调控[31]。张伟刚等以采集隧道洞内外亮度、车流量和电能数据为基础，设计了隧道照明节能模糊控制系统，对隧道入口段、出口段和过渡段进行了模糊控制，自适应调节隧道各段亮度，有效降低了能耗[35]。何威等提出了基于模糊 PID 算法的隧道照明控制方法，利用 PID 控制器调节隧道 LED 灯具亮度，相对传统 PID 控制器调整所需亮度时间更短、达到稳定状态时间更短，更适用于隧道照明控制[36]。秦慧芳等采用 T-S 型模糊推理法和 RBF 神经网络结合的等价型系统设计了隧道照明控制系统，以洞外亮度、车速、车流量为输入参数，隧道入口段洞内亮度为输出信号，进行照明控制，安全节能效果明显[37]。

4. 灯具参数优化

范士娟建立了隧道中间段中央布灯方式的参数优化模型，优化后的 LED 照明系统相对高压钠灯系统、改造的电磁感应灯系统更加节能[38]。吴绍明等利用照明软件建立优化了隧道两侧对称布置、交错布置模型，分析了灯具发光轴线与竖直面夹角对照明环境的影响[39]。杨超等对隧道照明灯具利用系数进行了研究，建立了隧道照明灯具利用系数计算模型，布灯参数优化的利用系数模型比利用系数取定值结果更准确、更节能[40]。王首硕等提出了安全型视觉参照系下公路隧道入口光环境优化新思路及优化方法[41]。李然等以广西百靖高速公路为例，模拟仿真了隧道灯具安装高度、安装角度对隧道路面照明质量的影响，确定了隧道灯具最佳安装位置[28]。游峰等以自然光光线分布状态为基础，建立了连廊隧道入口段的光照模型，经验证，该模型满足行车照明需求，并且相对传统照明方式更加降低能耗[32]。

未来隧道照明控制方式将以智能化为主，逐步取代人工控制方式、自动控制方式，利用智能算法控制隧道照明系统，以不断降低隧道照明行车隐患，减少能耗。

1.3　本书主要内容

为了实现隧道安全条件下照明节能目标，本书在深入分析隧道照明质量影响因素及评价指标的基础上，根据洞外亮度、车速和车流量数据，提出了安全行车条件下隧道照明模糊控制方法，全书共 9 章，主要章节内容如下：

第一章，绪论；

第二章，高速公路隧道照明质量影响因素分析；

第三章，隧道光环境对行车安全影响分析；

第四章，混合灯具组合的照明仿真试验；

第五章，安全节能条件下隧道灯具布置方案优化；

第六章，高速公路隧道照明灯具参数优化；

第七章，洞外亮度-车流量-车速耦合条件下隧道照明模糊控制；

第八章，高速公路隧道照明节能研究；

第九章，张涿高速公路南安庄隧道智能控制。

技术路线见图 1-2。

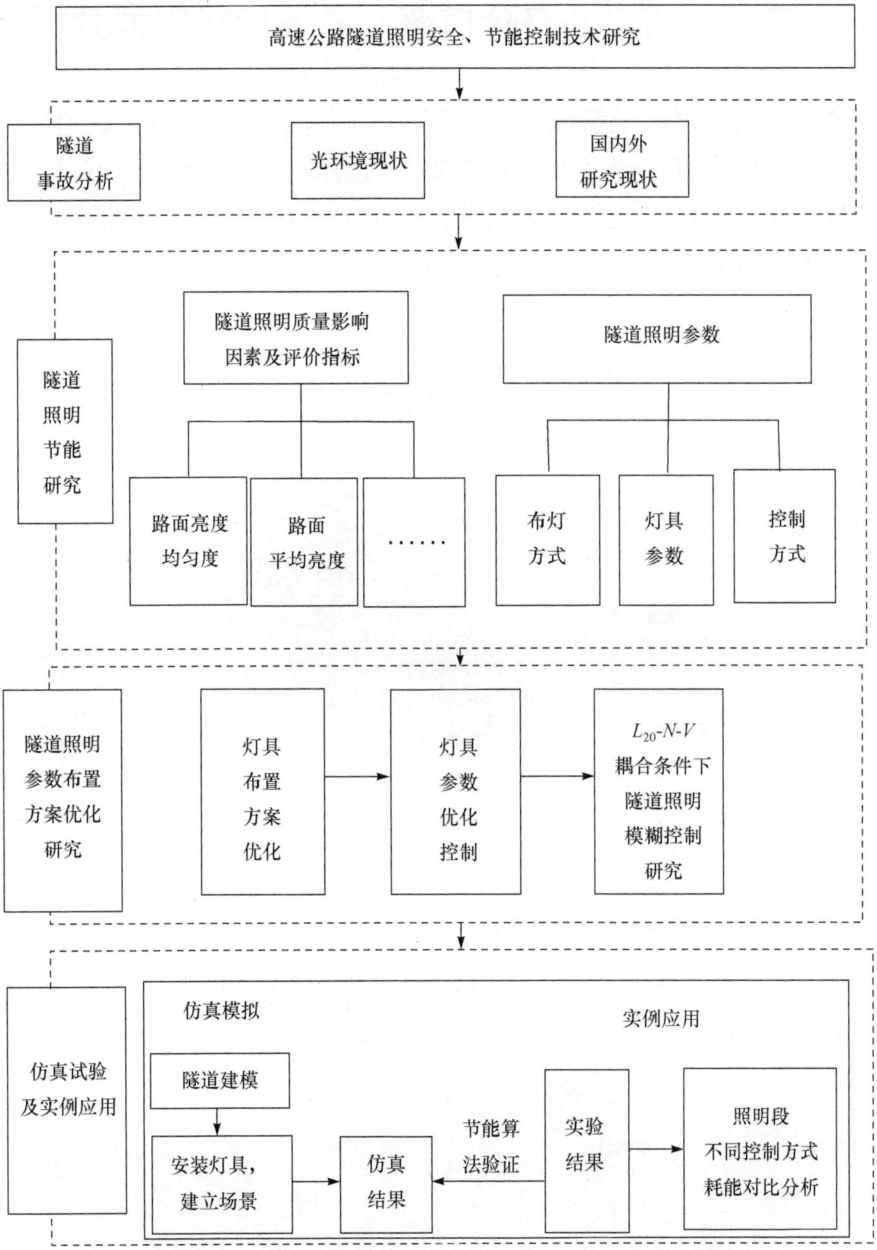

图 1-2 隧道光环境安全节能优化研究技术路线

第二章　高速公路隧道照明质量影响因素分析

高速公路隧道环境特殊、事故多发，撞壁、火灾、翻车、追尾等交通事故发生后难以快速处理，易造成二次事故。高速公路隧道发生的事故总数、受伤人数、死亡人数以及经济损失的比例大于其他路段，其交通事故形态分布和隧道事故原因如图 2-1、图 2-2 所示。

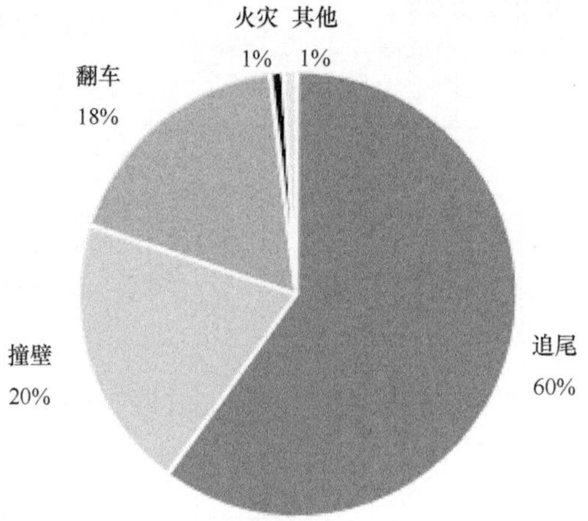

图 2-1　隧道交通事故形态分布

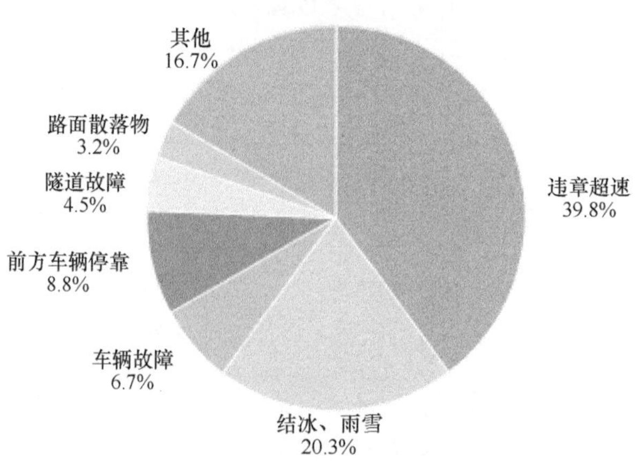

图 2-2　隧道事故原因分布

高速公路隧道交通事故与其特殊环境关系密切，提高隧道光照亮度是降低隧道事故的重要对策，但一味地提高亮度会大大增加运营成本，因此，如何在保证行车安全的条件下进行隧道照明节能设计十分重要。相较于其他因素，洞外亮度、交通量和车速对隧道照明质量的影响很大。《细则》中根据洞外亮度、交通流量和车速三个因素来进行隧道内部照明所需亮度的调整与设计，国内公路隧道照明系统的各个区段通常由各种不同功率大小或者各种不同光源类型的照明灯具通过设计好的控制回路组成，然后以手动或自动的方式控制这些回路，以调控照明灯具的开关，最后满足各个照明区段的亮度要求。但是这类控制方式存在一些问题，主要表现在：①控制回路方面，照明控制系统是以建设时期布置的照明回路控制，后期不易调整，致使控制方式相对单一，无法根据实时交通情况调整照明亮度，并且相邻的照明区段亮度差异大，易引起视觉不适而不利于行车安全；②控制方式方面，隧道照明控制方式是根据天气变化以及时间变化来进行调节控制的，设计照明亮度是通过预估最大车流量、设计速度和最大洞外亮度等影响因素设计的，并没有依据交通量、洞内外亮度差和车速进行隧道照明亮度调节，从而导致设计照明亮度偏大，极大地浪费了电能并且增加运营负荷。

2.1　隧道照明系统控制方式

隧道照明可划分为接近段、入口段、过渡段、中间段和出口段等五个区段，每个区段照明的作用如下。

(1) 接近段：消除黑洞现象，使驾驶员在洞口处能辨认障碍物。

(2) 入口段：进入隧道，驾驶员能很快适应并消除黑洞现象。

(3) 过渡段：驾驶员逐渐适应隧道内部照明环境。

(4) 中间段：隧道内部基本照明。

(5) 出口段：在白天，使驾驶员能逐渐适应出口处的强光，消除白洞现象；在夜间，使驾驶员能在洞内看清外部道路线型及路上障碍物，消除出口处的黑洞现象。

隧道照明各段分布图如图 2-3 所示。

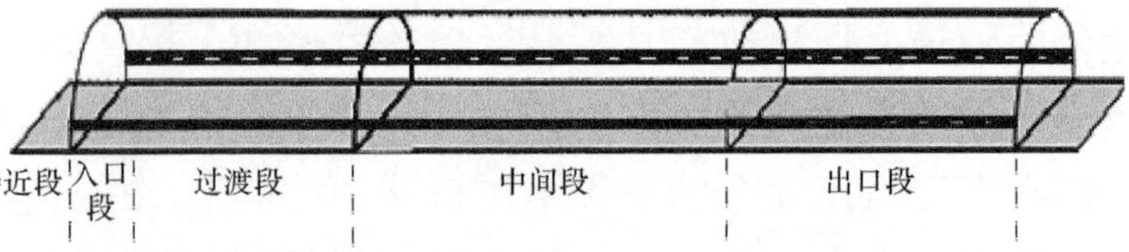

图 2-3　隧道照明各段分布图

隧道照明系统控制是依据隧道洞内外亮度差，以及隧道照明设计中所确定的照明区间，针对不同的天气条件、不同的时段与交通环境所进行的隧道照明亮度调节。隧道照明控制方案的实施，依赖于先进的控制技术与控制方式，在很大程度上体现了隧道运营管理的现代化程度。隧道照明控制方式有以下几种：

(1) 人工控制方式。人工控制方式是隧道管理人员根据隧道内外环境来进行人为控制隧道照明亮度的方式，主要用于隧道长度较短、公路等级较低、交通量较少、运营管理设备简单的情况，这种方式易造成能源浪费与人工限制。

(2) 自动控制方式。自动控制方式主要包含时序控制与回路控制两种方式。时序控制方式通常是根据一年中不同季节、一天中不同时间段、不同天气状况而进行开启或者关闭相应照明回路，依赖于专门人员进行控制。但是专门人员不能准确地判断隧道外部天气的变化与亮度的改变关系，无法实时调节洞内亮度，从而造成不必要的照明消耗。回路控制方式利用隧道洞口处的亮度检测器实时采集隧道洞口亮度参数以及交通量的变化，由计算机系统或控制器自动控制各照明供电回路，从而满足隧道不同环境下照明亮度需求。一般根据洞口不同亮度分为晴天、云天、阴天、重阴、晚上、深夜六个亮度等级来控制。

(3) 无极调光控制方式。公路隧道 LED 灯无极调光是通过控制 LED 灯电压控制电流源，调节 LED 灯输出功率，从而达到控制亮度的目的。该控制方式可实现 256 级亮度调节，调光级数多、范围大。通过洞口亮度监测装置与交通量检测设备采集洞外亮度及交通量信息，经调光控制软件处理得到调光控制指令，实现调光。

无极调光控制方法又分为人工无极调光控制法、实时无极调光控制法、时序无极调光控制法。其中人工无极调光控制法级别最高，时序无极调光控制法主要针对夜晚(0:00～6:00)时段，实时无极调光控制转入时序调光控制状态，根据时间(后半夜)将基本照明灯具的功率同步控制至额定功率的一定比例，满足应急照明亮度需求，也可针对在洞口未设置亮度检测器隧道的时序控制。

隧道照明控制方式决定了隧道照明质量，控制模式落后将会造成电能浪费，路面亮度均匀性差，会产生“斑马效应”，影响驾驶员驾驶操作。因此，如何根据隧道洞外亮度、交通量、驾驶员行为特性和行车速度等不同因素进行智能化照明控制，对提高高速公路隧道运营安全、降低运营成本有重要意义。

2.2　隧道照明灯具照明效果分析

我国隧道照明常用灯具种类多，如高压钠灯、低压钠灯、金属卤化物灯、荧光灯、电磁感应灯和新型 LED 灯等。隧道照明灯具照明效果优缺点分析见表 2-1。

表 2-1　隧道照明灯具照明效果优缺点分析

灯具	应用优点	应用缺点
高压钠灯	寿命较长、发光效率高、性能稳定、透雾性强、光通量维持率高	随电压波动变化大、山区电压不稳时实际寿命下降，光源参数为 30～100lm/W
低压钠灯	发光效率特高、光通量维持率高、透雾性强、透视性较好等	显色性差、使用寿命短、运维困难
金属卤化物灯	发光效率高、显色性好、功率大、耗电量大	不环保、寿命短、光源参数为 80lm/W 等
荧光灯	发光效率高、节能环保	价格高、透雾性能不佳
电磁感应灯	寿命长(60 000h)、光性能好、能瞬时启动、显色性好、无闪烁、高功率、易于管理和维护	配套烦琐、价格高、光源参数约为 600lm/W 等
LED 灯	光源参数达到 150lm/W、发光效率高、显色性能优、亮度高、寿命长(50 000～100 000h)、需求电压低、电流小、运行成本低	透雾性不佳、配置不佳、易出现频闪现象

隧道照明对灯具有特定的要求：隧道灯具要具有足够的使用寿命或者易于更换；防护等级要求高，不低于 IP65；灯具部件要具有一定的防腐蚀性能；尽量避免频闪现象；灯具应该易于安装并且能够调整安装角度；在隧道出入口处的灯具应具有一定的透雾性能和透视性能；发光效率良好并节能环保。

隧道灯具的选用对照明质量影响很大，各种灯具都有各自的光源特性，如荧光灯与 LED 灯等对隧道照明节能、绿色环保有着较好作用，低压钠灯等一些老式灯具会逐渐被新型的、更加满足照明要求的灯具代替，一些灯具的频闪现象严重影响道路安全驾驶。通过对比各类灯具的光源特性(表 2-2)，发现 LED 灯是比较满足亮度需求的灯具。

表 2-2　灯具光源特性对比表

光源特性	光源种类					
	高压钠灯	低压钠灯	金属卤化物灯	荧光灯	电磁感应灯	LED 灯
额定功率/W	35～1 000	5～2 000	25～10 000	5～55	20～300	1～200
发光效率/(lm/W)	64～140	14.4	60～140	44～87	40～80	20～200
使用寿命/h	12 000～24 000	1 000	50 00～20 000	5 000～10 000	60 000～100 000	100 000
显色指数 R_a	23～85	100	65～95	80	>80	>80
色温/K	1 900～2 800	2 790	4 000	2 500～6500	2 700～5 000	3 000～10 000
启动稳定时间	4～8min	4～8min	较长	10s 或快速	快速	快速
闪烁	有	有	无	无	不明显	无
电压对光通量影响	大	大	有	较大	小	小
耐振性能	好	好	一般	较好	一般	好
是否有附件	镇流器	镇流器	无	无	无	无

2.3　隧道照明布灯方式对照明效果影响分析

隧道照明布灯方式主要有中央布灯、两侧对称布灯、两侧交错布灯和中线偏侧布灯等方式(图 2-4)，不同的布灯方式照明效果不同，其灯具数量、安装高度和横向安装距离不同，各类布灯方式所消耗的能源与路面照明亮度差异较大。

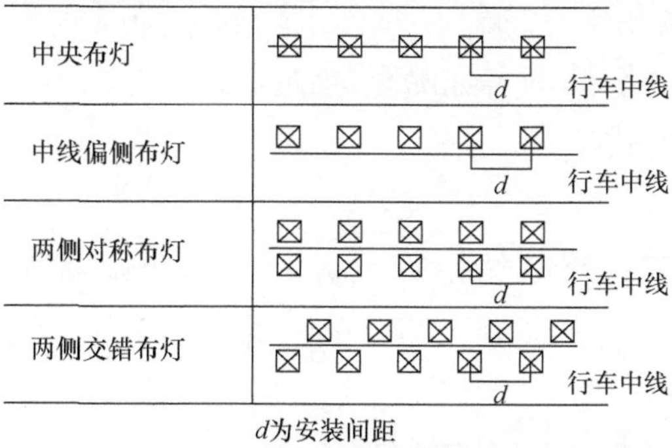

图 2-4　隧道照明布灯方式

高速公路隧道照明系统的设计原则是在满足隧道照明要求前提下最大限度地节约电能，而隧道照明系统参数，特别是灯具安装高度、安装角度和横向安装间距以及隧道内部墙壁材料、单灯功率与能耗关系密切，高速公路隧道照明设计重点之一是在满足隧道照明需求的前提下合理布置灯具。

2.4　隧道照明灯具参数影响因素分析

高速公路隧道照明系统设计参数包括土建结构参数、环境参数、交通参数、照明参数以及养护管理参数等，主要分析照明灯具参数如亮度、照度、发光强度、显色性和色温等对照明效果的影响。

2.4.1　照明灯具参数

1. 亮度

亮度是衡量反光体表面反光强弱的物理量。从一个方向观察光源，在这个方向上的发光强度与所见到的光源面积之比，即单位投影面积上的发光强度。

灯具对路面计算点 o 产出的亮度可按式(2-1)计算：

$$L_{oi} = \frac{I_{c\gamma}}{H^2} r(\alpha, \beta) \tag{2-1}$$

式中，L_{oi} 指灯具在计算点 o 产生的亮度(cd/m^2)；$I_{c\gamma}$ 指的是灯具在计算点的光强；$r(\alpha, \beta)$指简化亮度系数；β 指观察面与光入射面之间的角度；α 为灯具光线入射角；H 为灯具光源至路面的高度。

在亮度和照度不具备实际测量的情况下，可以按照一定的比例换算得出，换算公式见式(2-2)。

$$L_o = \rho \cdot E_o \tag{2-2}$$

式中，ρ 表示亮度和照度的换算系数，黑色沥青路面的换算系数 ρ 取值 1/15lx/(cd/m^2)，水泥混凝土路面的换算系数 ρ 取值 1/10lx/(cd/m^2)；E_o 为照度值。

路面平均亮度是按照国际照明委员会(Commission Internationale de l' Eclairage, CIE)有关规定在路面上预先设定的点上测得的或计算得到的各点亮度的平均值。

2. 照度

光照强度(简称照度)是指单位面积上所接受可见光的光通量，用于指示光照的强弱和物体表面积被照明程度的量。单个灯具对照明区域内任意一点 $k(x,y)$产生的水平照度可按式(2-3)计算：

$$E_k = \frac{I_k(\gamma, \zeta)\cos^3\gamma}{h^2} \tag{2-3}$$

式中，E_k 表示灯具在隧道路面计算区域内 k 点的水平照度(lx)；$I_k(\gamma, \zeta)$ 为灯具在计算点 k 的光强(cd)；γ 为 k 点对应的灯具光线入射角(°)；h 表示灯具光源中心距离路面的高度(m)。

3. 发光强度

光源在给定方向上的发光强度(简称光强)是该光源在该方向的立体角元 dθ 内传输的光通量 dΦ 除以该立体角元得到的商，如式(2-4)所示：

$$I=\frac{\mathrm{d}\Phi}{\mathrm{d}\theta} \tag{2-4}$$

光强的单位是坎德拉(cd)，1cd=1lm/sr，空间各个方向的光强之和就是光通量。

4. 显色性

太阳光和白炽灯均为辐射连续光谱，在可见光波长(390～760nm)范围内，包括红、橙、黄、绿、青、蓝、紫等各种色光。物体在太阳光和白炽灯的照射下显示出它的真实颜色，但当物体在非连续光谱的气体放电灯的照射下，颜色就会有不同程度的失真，光源对物体真实颜色的呈现程度称为光源的显色性。

为了对光源的显色性进行定量评价，引入显色指数的概念。以标准光源为准，将其显色指数定为100，其余光源的显色指数均低于100，显色指数用R_a表示，R_a值越大，光源的显色性越好。

2.4.2 隧道路面照明效果分析

隧道道路照明质量影响因素主要包括隧道路面平均亮度、路面亮度均匀度、道路照明功率密度等。

1. 路面平均亮度

路面平均亮度是影响能否看见障碍物的重要因素。道路照明是以把路面照亮到足以看清障碍物轮廓为原则，因此要求应有相当高的路面平均亮度，计算区域内路面平均亮度如式(2-5)所示。

$$L_{av}=\frac{\sum_{i=1}^{n}L_i}{n} \tag{2-5}$$

式中，L_{av}为路面平均亮度(cd/m^2)；L_i为第i个计算点上的亮度(cd/m^2)；n为计算点的总数。

2. 路面亮度均匀度

路面亮度均匀度分为路面亮度总均匀度和路面中线亮度纵向均匀度。

(1) 路面亮度总均匀度计算公式可按式(2-6)计算。

$$U_0 = \frac{L_{min}}{L_{av}} \tag{2-6}$$

式中，U_0为路面亮度总均匀度；L_{min}为计算区域内路面最小亮度(cd/m²)；L_{av}为计算区域内路面的平均亮度(cd/m²)。

(2) 路面中线亮度纵向均匀度计算见式(2-7)：

$$U_1 = \frac{L'_{min}}{L'_{max}} \tag{2-7}$$

式中，U_1为路面中线亮度纵向均匀度；L'_{min}为路面中线最小亮度(cd/m²)；L'_{max}为路面中线最大亮度(cd/m²)。

高速公路隧道照明设计对路面亮度总均匀度和路面中线亮度纵向均匀度的要求见表 2-3 和表 2-4。

表 2-3　路面亮度总均匀度

设计车流量 N/[veh/(h·ln)]		路面亮度总均匀度 U_0
双车道单向交通	双车道双向交通	
⩾2 400	⩾1 300	0.4
⩽700	⩽360	0.3

注：当车流量为中间值时，可按插入法取值。

表 2-4　路面中线亮度纵向均匀度

设计车流量 N/[veh/(h·ln)]		路面中线亮度纵向均匀度 U_1
双车道单向交通	双车道双向交通	
⩾2 400	⩾1 300	0.6～0.7
⩽700	⩽360	0.5

注：当车流量为中间值时，可按插入法取值。

3. 闪烁频率

驾驶车辆通过不同的空间区域时，亮度会随着空间的变化而变化，眼睛就会由于亮度的变化感觉到有闪烁现象，这是遮阳屏或单独设置的光源所产生的现象。在特殊情况下，这些闪烁现象会让人感到不舒适，有时会比较严重。

由于闪烁效应引起的视觉不舒适感的程度主要有如下三个因素。

(1) 每秒钟内的亮度变化值(闪烁频率)；

(2) 闪烁持续时间；

(3) 一个单循环内的亮度差值。

闪烁效应所引起的不舒适感与车辆的行驶速度和亮度的分布范围有关，在一个区域内的亮度结束到另一个区域的亮度开始的中间段距离少于连续变化光线所需要的距离时，这种不舒适的闪烁光将会产生一个独立的频率，灯具布置闪烁频率可按式(2-8)计算。

$$f = v / S \tag{2-8}$$

式中，f 为闪烁频率(Hz)；v 为设计速度(m/s)；S 为灯具布置间距(m)。

闪烁频率过低或过高都可以忽略不计，当闪烁频率在 5～14Hz，且持续时间超过 15s 以上时，眼睛会感觉到严重的不舒适；闪烁频率在 5Hz 以下、14Hz 以上时，光像在眼睛中形成的速度或快或慢，也会对视觉舒适度产生一定影响。

4. 眩光

眩光是指视野中存在不适宜的亮度分布，或者是在空间和时间上存在极端的亮度对比，从而导致视觉不舒适和降低物体能见度的视觉现象。视野内产生眼睛无法适应的光亮感觉时，可能引起厌恶、烦躁甚至丧失明视度等现象，因此，隧道照明系统设计必须考虑眩光的影响。

(1) 失能眩光。失能眩光的效果由阈值增量 TI 来衡量，在白天时期，入口段、过渡段和基本段的阈值增量必须小于 15%，而出口段白天的阈值增量并没有严格的规定。TI 可以用式(2-9)、式(2-10)进行计算。

$$TI = 65(L_v / L_r^{0.8}), \quad L_r \leqslant 5\text{cd/m}^2 \tag{2-9}$$

$$TI = 95(L_v / L_r^{1.05}), \quad L_r > 5\text{cd/m}^2 \tag{2-10}$$

式中，L_r 为道路表面的平均亮度；L_v 为通过相关区域内固定轴线在水平面以下 2°的视野范围内的全部灯具产生的光幕亮度。计算值是基于初始计算值以及以汽车顶棚的视线以上 20°范围内的观察值为准，目前无法给定一个精准的数值来限制过渡段的眩光现象。

(2) 不舒适眩光。不舒适眩光通过眩光指数 R 来衡量，是一个主观感受出来的视觉现象，其制定标准如表 2-5 所示。

表 2-5　不舒适眩光指数的标准和主观评价

眩光指数 R	眩光描述	主观评价
1	无法忍受，睁不开眼睛	感觉很难受
3	有干扰的，只能眯眼	难受但是可以忍受
5	刚好容许的，眼睛可以忍受	感觉一般，轻微影响
7	令人满意的	感觉很好
9	感觉不到眩光存在	感觉非常好，不存在眩光

在隧道照明中眩光与灯具的配光、灯具间距和安装方式有关。光源的亮度、位置、外观大小与数量、周围的环境都会影响眩光，通过增加灯具安装高度、限制仰角等可以降低眩光。

5. 诱导

为了保证交通安全，明确道路走向及界限，照明设施应具有良好的诱导性。诱导性一般来自视觉诱导和光学诱导。

(1) 视觉诱导。视觉诱导通过道路辅助设施，使驾驶员确定所处位置以及道路的走向。提高路面标志的可见度可获得较好的视觉诱导，通过扩大反光性能和路面反光性能的差异可提高诱导作用，建议使用质地粗糙且“明亮”的材料。

(2) 光学诱导。光学诱导是通过道路诱导设备提高司机注意力，在连续照明路段合理布灯，对通向交叉口的道路、相近路段、功能不同的道路改变其照明系统、光源颜色、灯具的样式或安装高度以及灯具的布置方式等都可以提高光学诱导。

视觉诱导和光学诱导有区别却又相互联系，照明设施应具备光学诱导作用同时要起视觉诱导的作用。

6. 道路照明功率密度

道路照明功率密度为单位路面面积上的照明安装功率，符号为 LPD，单位为 W/m^2。根据《城市道路照明设计标准》(CJJ45—2006)，各级别道路照明功率密度见表 2-6。

表 2-6　各级机动车交通道路的照明功率密度

道路级别	车道数/条	照明功率密度(LPD)/(W/m^2)	对应的照度标准/lx
快速路主干路	⩾6	1.05	30
	<6	1.25	
	⩾6	0.70	20
	<6	0.85	
次干路	⩾4	0.70	15
	<4	0.85	
	⩾4	0.45	10
	<4	0.55	
支路	⩾2	0.55	10
	<2	0.60	
	⩾2	0.45	8
	<2	0.50	

2.5　隧道照明节能方案

2.5.1　隧道灯具布置方案优化

隧道照明既要满足道路亮度、均匀度需求，又要最大限度地节约能耗，因此，需要对隧道布灯方式、灯具选择、安装角度、布灯间距等参数进行优化。

隧道照明一般采用中央、两侧对称、两侧交错和中线偏侧等布灯方式，如图 2-5 所示，布灯参数不同，照明效果也不同。布灯方式影响隧道路面亮度质量和能耗，如何确定最优布灯方式和布灯参数，对隧道照明设计和节能改造具有重要意义。

这四种布灯方式各有其适用性，杨超等以江西九景高速公路雁列山隧道为研究对象，对隧道中间段布灯方式和配光曲线的照明效果进行了研究，结果表明，对称布灯方式照明效果最好，其次是中央布灯，研究成果为高速公路隧道照明布灯提供了参考[42]。薛保勇等利用 Ecotect 软件建立了隧道照明模型，研究了对称布灯、交错布灯、中央布灯对隧道照明的影响，模拟显示中央布灯的路面照度、路面平均亮度和均匀度最优，其次是交错布灯方式[43]。

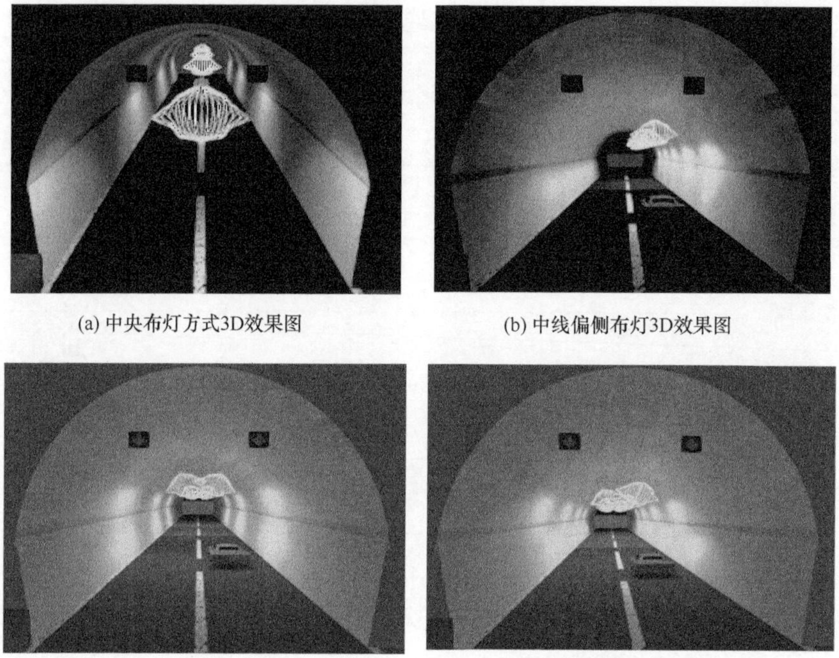

(a) 中央布灯方式3D效果图　(b) 中线偏侧布灯3D效果图

(c) 两侧对称布灯3D效果图　(d) 两侧交错布灯3D效果图

图 2-5　隧道不同布灯方式照明效果示意图

2.5.2　隧道新型灯具选择

隧道照明对高效节能光源需求迫切，长寿命、低光衰、高显色性、无频闪、可进行无极调光、少维修或免维修的 LED 灯、无极灯是隧道照明灯具的首选。隧道灯具的选择影响照明质量。我国隧道灯具种类繁多，如高压钠灯、LED 灯、无极灯、荧光灯等，灯具不同其光学性质也不同，灯具的选择直接影响隧道的节能效果。选择灯具除了考虑发光效率外，还应综合考虑灯具的使用寿命、显色指数等因素。

隧道灯具的要求：优先选择效率高、透雾性能好的灯具；使用寿命应大于等于 10 000h；灯具防护等级应不低于 IP65，具有良好的防腐性能；灯具应具有适合隧道特点的防眩装置；紧急停车带、横通道可选用显色性较好的光源；采取中线或者中线偏侧布灯时，基本照明优先选用逆光型灯具；采用两侧对称或者两侧交错布灯时，优先选择宽光带对称型照明灯具。灯具的光源特性对比见表 2-2。

LED 灯和无极灯的使用寿命长、实际发光效率高、有效照度高、显色指数与色温值高,高压钠灯与前两者相比在光源特性指标上处于劣势,应优先选择前两者。LED 灯、无极灯启动时间短,具有优异的调光性能,光线柔和、无频闪，可进行无极调光，在降低照明水平的同时，不影响照明均匀度，而且可连续变化，符合眼睛的视觉生理特性，节能显著且视觉效果比高压钠灯好。无极灯红光和黄光波长较长，透雾性好，适合雨雾天气照明。高压钠灯是一种线光源,基于一条很窄的局部发光原理,发光点光密度非常高，易使人产生不适感，且易疲劳，启动时间较长，但其透雾性能强、不锈蚀。荧光灯启动时间短、光衰小，但其价格高、透雾性能不好。

范士娟以九景高速公路雁列山隧道为例，以耗能低为目标，建立了中间段中央布灯方式的参数优化模型，发现优化的 LED 隧道照明系统比高压钠灯照明系统节能超 51%，同时比改造后的电磁感应灯照明系统节能超 39%，节能效果显著[38]。杨剑用宁杭客运专线湖州隧道、杭甬客运专线五峰寺隧道照明实测数据研究发现,布灯间距为 20m 时，25W 的 LED 灯即可达 50W 无极灯的照明效果，考虑长期运营成本，LED 灯比无极灯节能效果更显著[44]。

2.5.3　隧道照明控制方案优化

隧道照明可划分为入口段 1、入口段 2、过渡段 1、过渡段 2、中间段、出口段 1 和出口段 2 等七个主要照明区，位置不同照明需求不同，驾驶员接近隧道口至出隧道视觉适应一共经历了五个阶段，如图 2-6 所示。

图 2-6　隧道视觉适应阶段

第一阶段：临近洞口至隧道入口处，称为暗适应瞬盲阶段，为适应瞬盲过程，瞳孔出现高频率波动，来寻找适合的感光模式。

第二阶段：隧道入口处至隧道内约 200m，称为暗适应调整阶段，为适应隧道内的低照度环境，眼睛开始转换视觉功能，直到完全适应。

第三阶段：隧道内 200m 至能看到隧道出口前约 600m，称为暗适应行驶阶段，基本适应了隧道内亮度环境，正常行驶。

第四阶段：隧道出口前约 600m 至出口前 50m 左右，称为明适应调整阶段，能看到隧道出口，注视点的亮度在逐渐增加，但眼睛能够清晰成像，正确识别外界环境。

第五阶段：隧道出口前约 50m 处起，称为明适应瞬盲阶段，此时外部亮度突然增加，瞳孔直径急剧、高频率地缩放，无法看清路况。

隧道内的照明控制根据气候条件、照明区段和交通运行环境条件，对隧道内照明亮度进行调节。照明系统控制方法的先进性与新型灯具的兴起、控制技术水平有关。目前，隧道照明控制方式主要有以下三种：

(1) 人工控制方式。由管理人员手动控制回路开关，根据洞外亮度、车流量、车速等因素变化，手动调控，一般用于较低等级公路、短隧道、设施简陋场所。

(2) 自动控制方式。主要包括时序控制和回路控制。时序控制利用日、周、月、年实测得到的规律数据，自动调控隧道内照明亮度，或将自动控制方式转换到人工控制方式。该控制方式不能根据洞外亮度、车流量、车速的变化而变化，可能会造成照度不足或者照度浪费的现象。回路控制利用检测到的洞外亮度、车流量，经过数据处理比对分析，由计算机控制供电回路，满足照明需求。

(3) 智能控制方式。智能控制是利用神经网络、专家系统、模糊控制等智能控制技术，通过采集隧道洞外亮度、交通等信息，对隧道内亮度进行无极调光控制。

先进的控制方式既能保证照明质量又可以减少电能浪费。利用新型灯具、先进的智能控制技术，通过采集隧道外相关参数的信息，对隧道内亮度进行智能控制是未来发展方向。

第三章　隧道光环境对行车安全影响分析

高速公路隧道事故多发、事故类型多样，其主要是由隧道入口处的黑洞现象、出口的白洞现象，以及洞内的光线环境差造成的，特别是入口段光环境差异大，对眼睛造成瞬时冲击，易导致驾驶失误而发生事故(如车道偏移、追尾、撞击洞门、路侧障碍物等)，且事故发生后难以快速处理，易造成二次事故。

杜志刚等根据眩光的影响因素的分析，对道路上的防眩设施进行了改善，通过对隔离栏杆的角度、材料选取，并进行防撞加固处理，提高了隔离栏杆的美感，提升了行车安全性和舒适性[45]。吴玲等依据驾驶员瞳孔面积变化速率与视觉障碍的表征关系，得出驶入及驶出隧道时基于视觉感受最佳的期望车速值分别为 50km/h 和 60km/h，对提高出入口处的交通安全具有指导意义[46]。

3.1　隧道出入口处行车危险因素分析

3.1.1　公路隧道行车驾驶员视觉特征

高速公路隧道独特的管状结构限制了外界自然光的照射，隧道内部只能依靠照明来满足安全行车，但隧道内外的自然光与人工照明之间的亮度差异较大，驾驶车辆出入隧道内部时易形成明-暗、暗-明之间的视觉转换，使驾驶员的视觉感知不断跟随变化，由于视觉的原因在隧道出入口段易发生交通事故。

1. 隧道照明特点

车辆在隧道行驶时，由于隧道单调枯燥的结构环境以及基本段的低照度照明，加上车辆在隧道高速行驶所带起的尘埃、雾霾颗粒物和尾气的排出，在封闭的管状隧道中不能及时排出隧道外，粘贴在照明灯具上或者悬浮在隧道空间中，导致隧道照明亮度降低和光照分散，削弱照明灯具直射的光线，减弱隧道照明能力度，隧道内部照明效果如图 3-1 所示。

图 3-1　隧道内部照明效果图

2. 隧道入口处驾驶员视觉状态变化

高速公路上驾驶车辆由视野开阔的路段行驶到临近隧道入口处时，从视野开阔的舒适区域到视野逐渐只能观察到隧道入口周围的狭窄视野区域，视觉效果发生巨大变化。驾驶员由远及近地接近隧道，最先看到的是一个黑洞或者黑框，这就是黑洞现象，如图 3-2 所示。这种黑洞现象对进入高速公路隧道的车辆造成了严重威胁，安全隐患极大。

图 3-2　隧道黑洞现象

3. 出入隧道时的即刻视觉变化

高速公路隧道出入口处的洞内外亮度差距巨大时，驾驶员在进入隧道前视觉由明到暗会需要一段时间的适应过程，才可看清楚周围的行车环境、道路环境以及车辆状态，产生适应滞后现象。这个视觉适应期时间不太长，短则 2～3s，长则 10s 左右。在这段时间驾驶员须降速行驶，以免侧方碰撞隧道壁或者追尾前方车辆。

4. 隧道出口处驾驶员视觉状态变化

车辆从照明亮度低的隧道中间段行驶到接近隧道出口时，视觉观看到的出口是一片眩目的白光(白洞现象)，如图 3-3 所示。这时驾驶员会感到特别刺眼，很难及时观察到隧道洞外的交通环境及交通信息，严重威胁行车安全。

图 3-3　隧道出口白洞现象

3.1.2　高速公路隧道交通事故时段分布特征

隧道出入口的特殊行车环境造成了洞内外的亮度差异，这些亮度的差异性随时间的不同而变化。在时间分布上，白天与黑夜的转换，使隧道出入口对驾驶员在视觉上的影响发生变化，产生黑洞现象与白洞现象，全天在隧道出口或者入口处均会出现两种不同的不良视觉现象，早晨与夜晚进入隧道时的影响现象也不同。因此，隧道照明在时间上需要合理地布置并科学地设计才能够尽可能减弱视觉上的影响。通过调查数据分析表明，隧道入口处发生交通事故趋势随着时间的不同而有所改变，如图 3-4 所示。

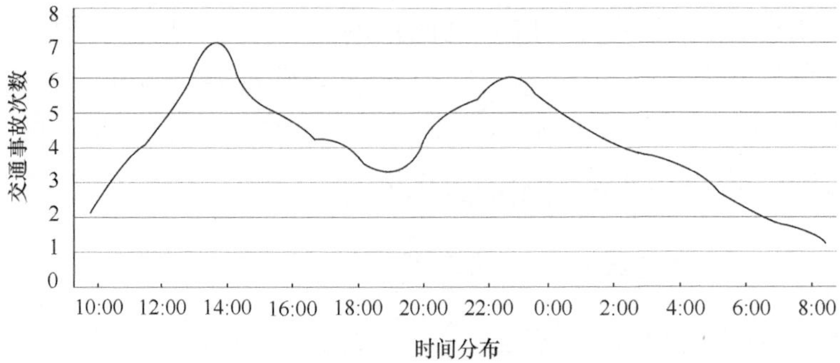

图 3-4　交通事故在时间上的分布情况

由图 3-4 可看出，交通事故在全天的分布呈现波浪式走势，交通事故的次数在时间的分布上出现两次波峰，分别为 14:00 和 23:00。中午是一天当中光照最强烈的时段，隧道外部照度值最大，夜晚是隧道外部光照最弱的时段，当车辆行驶到隧道入口时，照明过亮或者不足都易引起交通事故。

由于交通事故与时间段分布联系密切，可通过在隧道出入口周围设置标志标线来防止驾驶员由于注意力不集中等因素造成撞击隧道壁、追尾等事故。

为降低隧道行车风险，保障驾驶员在不同光照环境区域都能安全行车，须给驾驶员提供清晰、可视、准确的交通信息和环境，实现驾驶员在隧道内外不同光环境路段运行的平滑过渡，防止由于驾驶视觉信息不足而给隧道运营带来的安全隐患。

3.1.3　高速公路隧道安全入口速度分析

在驾驶过程中，驾驶员认知阶段通常分为 3 个阶段，分别为信息感知、判断决策和反应操作。单调无趣的公路环境会造成长时间驾车的驾驶员反应迟钝、动作缓慢、操作失误等现象，特别是行驶在封闭空间，驾驶员视线停留在较暗的管状环境中，极其容易使驾驶员产生速度上的错觉。在特长公路隧道中间段，当驾驶员产生压抑与烦躁的心理特征时就很容易产生逃逸心理，以提高速度来缓解心理压力，易超速或者超车，行车风险随之增加。近年来国外通过实际测速等方法对心理与减速标线进行分析，对行车速度高估或低估错觉展开研究。Vest 等研究发现，减速效果最好的方法是频闪灯和路面横向减速标线，基于频闪灯对眼睛负面影响导致车速下降，道路标线的减速效果优于频闪灯[47]。

王婷等为了改善隧道出口驾驶员难以适应的光照过渡的情况，以隧道出口处路面和墙面的标线标志进行车速的限制。实验结果表明，方案改善后的驾驶员速度感知明显高于改善前，降低了隧道出口段的交通事故率[48]。尚婷等建立了车速与公路视错觉减速标线的横向宽度和角度的数学模型，发现车速与标线横向宽度之间呈逻辑关系，当标线角度为130°～150°时，车速下降；当角度为 30°～45°时，车速增加，车辆通过视错觉减速标线后，平均车速下降了 10.07%[49]。因此，驾驶速度上的错觉效应严重影响交通安全，减小速度错觉可提高交通安全水平。反应时间与事故次数之间的关系见表 3-1。

表 3-1 反应时间与事故次数的关系

参数	反应时间/s					
	0.56	0.68	0.73	0.79	0.86	0.92
事故次数	0～1	2～3	4～6	7～9	10～12	13～16

由表 3-1 可知，驾驶员反应时间与交通事故数量密切相关，反应时间越长，事故次数越多。反应时间是保证安全停车视距的重要因素，直接关系道路交通安全，将反应时间作为隧道入口处的潜在危险因素进行控制。

3.2 隧道光环境与行车安全关系

3.2.1 驾驶安全视认分析

宽阔的行车视野、适宜的行车速度以及安全的行车距离对道路交通安全非常重要。视觉系统是驾驶员获取道路周围环境信息的重要渠道，良好的视觉环境使车辆在道路上更加安全，而使驾驶员良好视觉的有效途径是合理的照明设计。照明设计中影响安全视认的因素有：①照明灯具的布置方式；②灯具的安装仰角；③路面及墙面材料的反射系数；④灯具横向和纵向的布置间距；⑤照明设计的科学合理性；⑥眩光程度。

另外，外界道路上影响行车视认的因素还与障碍物的大小、形状，障碍物表面的颜色、行车速度等有关。视认状况的好坏，与驾驶者的生理和心理综合影响有关(如视力、身体状况)，还与外界自然天气(如雾霾、雨雪等)和空气混浊程度相关。

于广鹏等分析总结了大量的驾驶习惯，建立了模糊推理模型，通过仿真进行了驾驶员反应时间的修正[50]。刘英婴等通过试验分析了光源色温对隧道入口的影响，发现蓝绿色的 LED 灯、色温在 5 000K 左右最有利于交通安全[51]。左小磊分析了视觉机理与反应时间的关系，通过试验分析了色温与反应时间和视觉之间的关系[52]。王亚楠分析了照明特性与驾驶员视觉、明暗机理的关系，得出了适合视觉需求的最低照度[53]。杜志刚等总结了视错觉与道路环境以及公路隧道照明节能方法的进展，认为黑洞、白洞现象实质是严重的视错觉，隧道弱视觉参照系是诱发隧道环境严重视错觉并导致交通事故的主要原因[54]。胡江碧等提出了将视认距离作为驾驶员在隧道入口段光环境动态视认安全指标，通过判定被试驾驶员能否在大于或等于一个安全停车视距处发现路面上的目标物作为判定隧道入口段光环境安全依据[55]。

1. 驾驶员认知特性

驾驶员在隧道影响区域行驶时会受到许多因素影响，如标志、标线、护栏、路线线形、隧道洞口路基宽度、隧道长度、汽车动力性能、驾驶员生理和心理特性、交通运行环境、照明光环境和隧道环境等诸多因素，以隧道光环境影响最大。

高速公路隧道环境条件的特殊性限制了驾驶员认知的信息来源和车辆的行驶轨迹，驾驶员在控制车辆动态行驶过程中需要通过视、听、触觉等来接收隧道环境中的道路、交通和环境情况以及车内信息，进而做出反应和判断。田晶晶等以眼动仪、照度计等测量工具收集了不同等级公路的照度值，并选取驾驶者的视觉指标为条件进行实车试验，结果显示驾驶员的瞳孔直径的大小与光照强度有关，而眨眼次数与其他因素的关联性不大，和隧道长度有直接关系，为照明设计提供了依据[56]。

驾驶员在隧道中的驾驶过程可以简化为驾驶员感知、判断及操作过程，简化模型如图 3-5 所示。

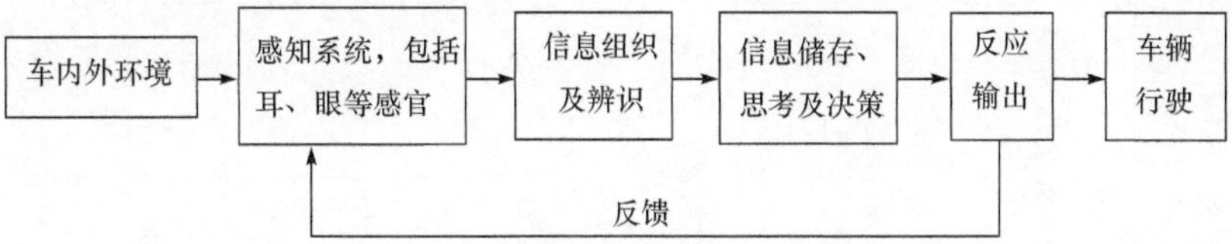

图 3-5　驾驶员认知过程

2. 驾驶员行为特性

(1) 隧道入口段驾驶行为特性。隧道入口段是车辆进入隧道洞口的第一段。白天，当隧道内外环境亮度差异过大时，驾驶员进入狭小的隧道洞口时就会出现明暗视觉适应问题，难以看清或者感知前方道路交通环境条件和道路信息而采取突然减速甚至紧急制动等不良驾驶行为，从而带来交通安全隐患。

白天在隧道内外环境亮度差异大时，驾驶员的驾驶行为会发生变化。在隧道过渡段，驾驶员一般会选择以较低的车速安全通过隧道(表 3-2)。进入隧道以后，驾驶员经过明暗视觉适应阶段以后，能够视认或者感知前方道路、交通以及环境信息，这时会采取加速行为。

表 3-2　隧道过渡段速度变化

隧道编号	开始减速时速度/(km/h)	减速后最低速度/(km/h)	速度差/(km/h)	亮度折减系数
a	104.7	79.6	25.1	0.0021
b	89.4	68.5	20.9	0.0096
c	59.3	40.6	18.7	0.0111
d	78.0	64.2	13.8	0.0119
e	78.5	75.1	3.4	0.0941
f	68.0	65.8	2.2	0.1021

隧道内外环境亮度差异不同，驾驶员在入口段减速的程度也不同，亮度折减系数越小，亮度差异、减速的程度越大，速度的差异也相应地越大，速度差与亮度折减系数的关系如图 3-6 所示。

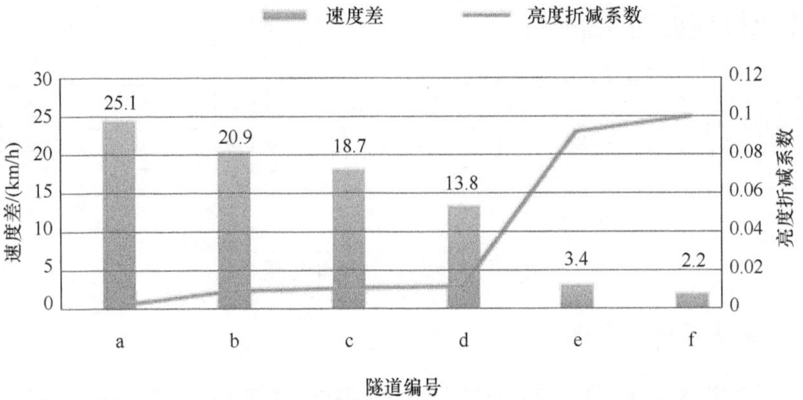

图 3-6　速度差与亮度折减系数的关系

(2) 隧道中间段驾驶行为特性。驾驶员驾驶车辆通过过渡段后，视觉已经适应了隧道环境，会将车速提高，驶进隧道中间段。如果车速达到驾驶员所期望的运行速度时，驾驶员就会选择一个相对稳定的速度在中间段行驶。如果隧道亮度条件满足驾驶员更高速度需求时，则驾驶员会选择在隧道中间段继续加速行驶，以达到所期望的运行速度。如果中间段照明环境不能满足驾驶员视觉需求，则驾驶速度会先高后低，最后保持车辆平稳运行。

(3) 隧道出口处驾驶行为特性。隧道出口段是驾驶员从隧道环境驶入隧道外部环境的过渡段，当驾驶员接近出口段时，在白天隧道外部亮度与隧道出口段照明环境差异较大时，会引起驾驶员视觉上的白洞现象或出现暗明视觉适应问题，使驾驶员难以清楚感知视认隧道前方道路交通环境和信息，易造成驾驶员认知失误和紧张而发生错误的驾驶操作行为，给安全行驶带来隐患。同时驾驶员由于在隧道长时间行驶，在到达隧道出口时会出现逃逸心理和加速行为。

隧道内外环境亮度相差较大时，驾驶员在到达隧道出口段会出现逃逸心理而先加速后减速，以较低的行驶速度驶出隧道，当驾驶员适应隧道外比较亮的环境时，会出现加速行为。例如，东西走向的隧道，在 17:00 左右太阳光直射隧道出口处，出口处出现光幕，就会产生强烈的眩光，当驾驶员由东向西行驶到出口时，因为强烈的眩光影响，驾驶员难以认清前方车辆及障碍物而导致连续骤减车辆运行速度，出现出口段运行速度不稳定的现象。

3.2.2　速度与反应时间的分析

驾驶员反应时间是指从感知到周围环境发生改变到做出响应所需的时间。在隧道行车时，驾驶员反应时间的快慢程度反映出视觉效应的好坏，隧道环境照明质量越好，驾驶员视觉功效越高，反应时间越快，越安全。赵炜华等基于实际道路试验，以黑白障碍物(20cm×20cm×20cm)为条件，根据速度与照度之间的关系，得到障碍物视认距离拟合出制动距离和反应时间的计算公式，分析了不同照度条件下车辆允许极限速度[57]，如表 3-3 所示。

表 3-3　不同照度条件下车辆允许极限速度

参数	障碍物	照度/lx						
		0	73	130	270	330	480	750
极限速度/(km/h)	白	98	94	92	89	88	86	84
	黑	78	78	78	76	76	75	74

反应时间不宜过长，否则将会导致驾驶员来不及做出驾驶行为而导致碰撞等事故的发生。反应时间计算如式(3-1)、式(3-2)所示。

$$\sigma=\left(\tau_2'+\frac{\tau_2''}{2}\right)v+\frac{v^2}{2a_{b\max}} \tag{3-1}$$

式中，τ_2'为制动协调时间；τ_2''为制动增长时间；$a_{b\max}$为制动减速度。

允许反应时间：

$$t=\frac{D-s}{v} \tag{3-2}$$

式中，t 为驾驶员反应时间；D 为视认距离；s 为制动距离；v 为车辆速度。

以上可看出，车辆在不同照度下运行时，视认距离会随着照度的变化而改变，反应时间也会发生相应的变化，因此，控制车辆行驶速度是最有效的方法。

3.2.3　隧道照明中间段亮度与交通量、行车速度的关系

高速公路隧道照明是隧道运营安全的重要保障，根据《细则》，高速公路以及一级公路中长度大于 150m 的隧道和长度在 100～150m 的“光

学长隧道”应设置照明系统，以确保行驶车辆的安全和舒适。随着近几年隧道的建成通车，我国成为世界上隧道规模最大、数量最多、发展速度最快的国家，隧道照明能源消耗成为高速公路运营的主要开支。在保障行车安全的前提下，如何能够降低照明消耗成为隧道设计、运营单位亟须解决的关键问题。

目前，国内外学者在降低照明消耗方面进行了若干研究，取得了一定的节能效果。郭凯等针对黑洞和白洞现象，研究了一种多功能蓄光发光涂料，可提高隧道照明亮度和路面亮度均匀度，降低隧道照明功率[58]。黄传茂以总功率最小为目标，路面照度满足照明要求为约束条件，分别建立了两侧对称布灯、两侧交错布灯、中线偏侧布灯以及逆光布灯照明系统的参数优化模型[59]。王乾等提出了新型的洞外生态减光结构，利用藤蔓进行减光，具有减光效果好、造价低、节约隧道照明用电的优点[23]。杨超等以车速、车流量为输入量，建立了隧道中间段最小需求亮度模型，采用调光控制方法调节 LED 灯的功率，以实现照明节能[60]。张天根等通过考虑隧道入口驾驶员瞳孔变化特性，对减光构筑物的长度、光透射率等参数进行了优化设计，该方案能较好地满足驾驶过渡视觉需求，为隧道照明设计提供了参考[61]。

隧道照明分为出入口段、过渡段和中间段等，由于出入口段存在黑洞和白洞现象，出入口照明应由基本照明和加强照明组成，中间段照明与基本照明段一致即可满足安全行车要求。根据《细则》，以隧道单向交通入口段照明为研究对象，其隧道照明中间段亮度与交通量和设计速度的关系见表 3-4。

表 3-4 隧道照明中间段亮度与交通量、设计速度关系 (亮度单位：cd/m²)

设计速度/(km/h)	单向交通量/[veh/(h·ln)]		
	N≥1 200	350<N<1 200	N≤350
120	10.0	6.0	4.5
100	6.5	4.5	3.0
80	3.5	2.5	1.5
60	2.5	1.5	1.0

注：①当设计速度为 100km/h 时，中间段亮度可按 80km/h 对应亮度取值。

②当设计速度为 120km/h 时，中间段亮度可按 100km/h 对应亮度取值。

实际情况下速度小于 80km/h、交通量小于 1 200veh/(h·ln)的情况是普遍存在的，因此若照明设计亮度大于实际所需亮度值，采用灯具的功率相应较大，会造成能源浪费。

3.3　混合灯具组合下隧道照明方案

3.3.1　隧道照明灯具的选择

隧道洞内外光照等级差距极大，照度在 0lx 至 10^4lx 之间变化。隧道入口段光照强度突变，隧道洞口外部光照强度可以高达 37 000lx，进入隧道内部的光照强度可能仅有几十勒(lx)，车辆从隧道入口光照强度极大的区域进入隧道内部光照强度极低的区域，驾驶员的眼前就会出现短暂的视觉失常现象，极易形成黑洞。在隧道出口段，车辆从低光照强度区域驶出，进入极高的光照强度区域，就会产生强烈的炫目，使驾驶员看不到前方道路及行车环境，洞内外光照强度变化如图 3-7 所示。

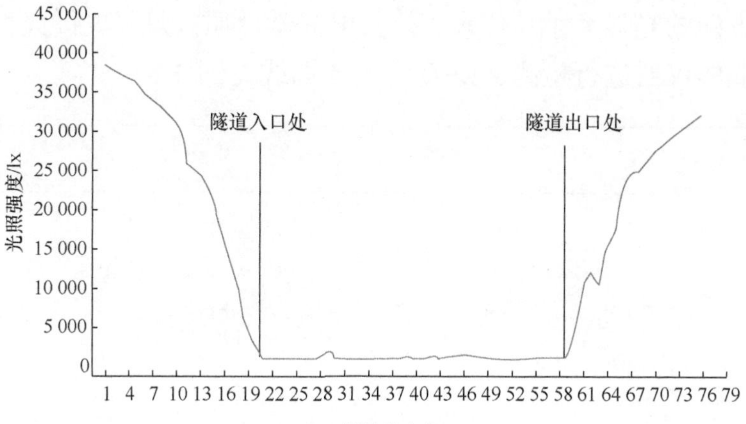

图 3-7　隧道洞内外光照强度变化

当隧道断面、洞外亮度、照明布灯方式、交通量、设计时速等参数确定以后，隧道加强段(隧道入口段、过渡段、出口段)的照明负荷也就相应地确定了。隧道照明负荷会随着隧道长度的增加而增大，但是增大的是中间段照明的负荷，加强段的负荷不会再增大。因此，对隧道照明灯具、布灯方式、布灯参数等进行优化研究，可有效地降低隧道的运营成本，达到节能环保要求。

由于隧道本身结构的特殊性，照明光源和灯具的合理选择应确保隧道照明质量、绿色环保、安全行车。隧道照明对光源的选择具有严格标准，除了应该满足在隧道这种管状式半封闭的特殊环境下的光色、发光效率、显色性、工作寿命、光通量及智能化控制等要求外，还需保障车辆过后残留尾气烟雾形成不利环境下能见度良好的光源。常用隧道照明灯具参数见表 2-2。

通过表 2-2 对比分析可知，相较于传统光源，LED 灯作为新型“绿色照明”光源具有节约能源、安全环保、使用寿命长、响应速度快、发光效率高、体积小、易于智能控制等众多独特优势。其主要光照特性有：

(1) 配光性能。由于不同的灯具在空间各个方向上的发光强度不同，为了将各种类型灯具的照明情况进行可视化处理，采用数据或者图形的方式描述照明灯具发光强度在空间的分布状况。通常以坐标原点为中心，把灯源辐射出去的各个方向上的发光强度用矢量标注出来，连接矢量端点，就形成光强分布曲线(配光曲线)。配光曲线的分布决定着被测量灯具在各个方向的光强大小，代表着灯具的光学性质。灯具的配光性能可以通过专业的仪器进行检测，LED 灯配光曲线见图 3-8。

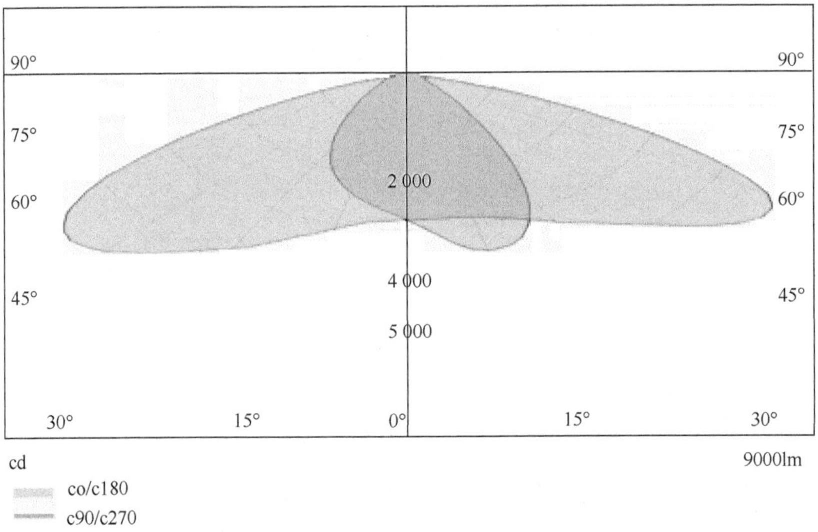

图 3-8　LED 灯配光曲线

配光曲线的分布可影响路面均匀度数值的大小，配光曲线分布角度的范围小，照射在路面上的光亮分布范围就狭小，而配光曲线分布角度的范围增大时，其照射在路面上的光亮分布范围就相应增大。

道路照明灯具配光性能是决定道路照明质量与照明系统节能的关键因素，灯具使用单位因疏忽这一重要性能，而导致道路照明质量不高、能耗浪费现象严重，所以加强对配光性能的要求、科学地选择灯具成为行业内越来越关注的热点。道路照明灯具的一个重要作用是把光源发出的光按需分配，以提高光源光通量利用率，使路面获得良好的均匀亮度，避免道路斑马现象。通过 LED 灯配光曲线可以看出，其空间分布广、光照强度大，适合隧道内部照明需求。

(2) 灯具效率。光源在灯具内发光后总会损失一部分光，灯具效率反映了光在灯具内的损失程度及节能特征。光通量与辐射通量关系密切，根据光谱辐射通量，可确定光通量的表达式(3-3)。

$$\varPhi = K\cdot\int_0^{\infty}\frac{\mathrm{d}\varphi(\lambda)}{\mathrm{d}\lambda}V(\lambda)\mathrm{d}\lambda \tag{3-3}$$

式中，$\varPhi$ 代表光通量，单位为流明(lm)；K 代表光敏度、感光度，眼睛对彩色的感知能力，K=683.002lm/W，K 的值使光通量的单位与辐射功率的单位得到统一；λ 代表波长，实际上人眼只对波长位于 380～780nm 的可见光有反应，它描述了人眼对不同波长的光的反应强弱；$V(\lambda)$代表标准光谱光视效率函数；$\varphi(\lambda)$ 代表辐射通量的光谱密集度。

3.3.2 混合灯具组合方案的提出

在以往隧道照明与行车安全研究中，为了达到安全驾驶照明和节能要求，研究的重点通常在照明设备的开发以及隧道照明系统灯具布灯参数的优化上，对灯具合理有效的利用研究不足。研究表明，在隧道照明设计中采用合理的光源灯具和照明方式，会使行车安全与节能效果更好。为达到这一目标，应建立不同光源类型的灯具组合方案模型，提出混合灯具组合方案。

保障隧道照明质量的关键因素是照明灯具的选择，隧道照明的光源应保证各参数，如光谱、照度均匀度、光通量、发光颜色、光照效率和控制配光等，满足在管状建筑结构特定的环境下的行车安全，还应保证车辆在尘埃、烟雾中仍能有良好的视认距离。目前应用在隧道照明中的光源有高压钠灯、低压钠灯、金属卤化物灯、荧光灯、电磁感应灯及 LED 灯。其中应用最普遍的是高压钠灯和荧光灯，这两种光源的照明特性能够满足现有的隧道照明需求。通常隧道选择灯具只是单一光源灯具，组合灯具的选用少，本书以灯具参数为约束条件，采用高压钠灯、荧光灯和 LED 灯进行组合。

(1) LED 灯和高压钠灯组合。高压钠灯的发光效率、显色指数和色温与 LED 灯相比，各种性能参数相差不大，高压钠灯具有高效、节能、光通量高、透雾性强、光色柔和、寿命长等优点，可以与 LED 灯快速响应。

(2) LED 灯和无极荧光灯组合。无极荧光灯的发光效率和寿命为普通白炽灯的 5 倍以上，加之显色性高，功率因素达到 0.98，谐波失真总量小于 10%，灯具的寿命可以提高到 10 000h。白光 LED 灯具有高显色性、高发光效率、电流小、亮度高、寿命长等优点，可以与无极荧光灯相互补充。

(3) 高压钠灯和无极荧光灯组合。高压钠灯因具有发光效率高、耗电少、寿命长、透雾能力强和不诱虫等特点而被广泛应用。无极荧光灯虽然单价高，但由于其发光效率高，可减小使用灯数，节省了灯具及镇流器的费用，照明系统的总费用还是降低的。

第四章　混合灯具组合的照明仿真试验

软件 1 一款专业照明计算机辅助设计软件，该软件满足照明设计要求，广泛用于室内照明设计、户外照明设计、道路照明设计等。该软件可通过绘图软件建立的模型模拟立体空间的照度、亮度信息，同时还可直观地模拟空间照明状态下的 3D 效果。该软件兼容性好，支持欧普、雷士、飞利浦、欧司朗等各照明厂商的灯具库，且支持导入标准格式的光度学数据文件。

软件 1 主要由软件平台及照明插件组成，很多照明灯具厂商，如飞利浦、BEGA、THORN、ERCO 等都制作了相应的外挂插件匹配运用。该软件建模简单方便、多语言设置、光线追踪准确、渲染效果比较真实、软件更新快，有如下功能：

(1) 照度计算。该软件可计算所需的照度值，并提供完整的报表及 3D 虚拟实景，可比较不同型式的灯具的照明效果。

(2) 场景模型。该软件自带建模的功能可较快生成照明空间，方便照明设计，也可与绘图软件进行数据交换，实现空间与模型的导入导出。

(3) POV-Ray 渲染器：该软件自带 POV-Ray 渲染器，可生成 3D 效果图。POV-Ray 属于程序建模渲染器，它提供了场景描述语言，可用任意的文本编辑器编辑。

(4) 报表输出功能。①设计单位的标志、详细资料及项目名称；②灯具资料，如产品型录、图片、配光曲线等；③灯具施工配置图；④等照度曲线图，如工作平面、地面、墙壁及天花板等；⑤3D 空间仿真图；⑥灯具数量表及总负载表。

4.1　隧道光环境模型建立

采用软件 1 进行隧道照明仿真分析，建立隧道照明 3D 模型，如图 4-1 所示。高速公路隧道环境为半封闭管状空间，照明灯具发出的光线照射到墙壁、路面等地会产生不规则的漫反射，路面的亮度值也会相应叠加，所以路面及隧道结构的表层反射系数对于隧道照明系统设计与仿真十分重要。我国高速公路隧道多采用沥青混凝土路面或水泥混凝土路面，沥青混凝土路面反射率相对较低，具有无连接缝隙、行车噪声小、驾驶安全舒适性高等优点，水泥混凝土路面反射率相对较高，在光照强烈的环境下不利于安全行车，且抗滑性能衰减较快，行车噪声大，其反光性会降低行车安全程度。另外，隧道路面的材质、色泽对路面亮度影响较大，同样的照明条件下，水泥混凝土路面亮度要比沥青混凝土路面亮度高 30%～50%，因此在软件 1 构建隧道模型时，将隧道内壁墙面及棚顶设置成水泥砂浆，将路面设置成深黑色沥青材质，构建的隧道模型如图 4-2 所示。

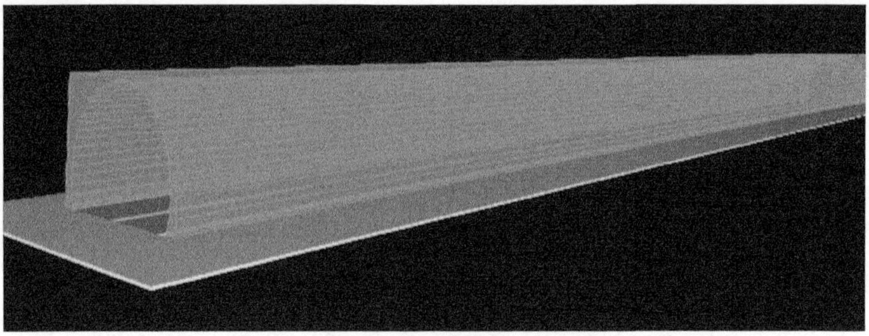

图 4-1　隧道光环境 3D 模型

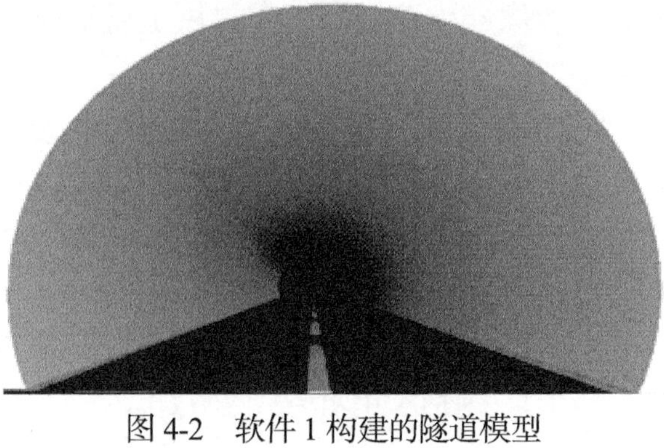

图 4-2　软件 1 构建的隧道模型

在构建隧道主体结构模型后，进行仿真分析，对隧道路面设置“计算元件”作为隧道照明评价区域。隧道照明系统的合理设置主要取决于路面平均照度、照度总均匀度和照度纵向均匀度三个因素。路面平均照度和照度总均匀度的计算区域如图 4-3 所示，路面照度纵向均匀度的计算区域如图 4-4 所示。

图 4-3 路面平均照度和照度总均匀度计算区域

图 4-4 路面照度纵向均匀度计算区域

路面亮度的不均匀和不合理会导致道路路面的“斑马现象”，易造成驾驶员视觉的不良反应，产生眩光现象，对行车安全的影响很大，路面照度总均匀度和照度纵向均匀度要求值见表 4-1。因此，通过提升驾驶员的认知特性可有效地减小由于光线弱、信息复杂而导致驾驶员错误操作发生的概率。

表 4-1　路面照度总均匀度和照度纵向均匀度要求值

设计交通量/(辆/h)		路面照度总均匀度/lx	照度纵向均匀度/lx
双车道单向交通设计	双车道双向交通设计		
≥2400	≥1300	0.4	0.6～0.7
≤700	≤360	0.3	0.5

软件 1 隧道仿真模型中计算区域的网格划分和灯具组合模型中计算区域的网格划分保持一致。按照明《细则》要求，计算区域内纵向计算点间距不宜大于 1.0m，横向计算点不应少于 5 个，将相邻两个灯具之间的计算区域划分为 7×7 个计算点，计算点关于整个隧道路面中线对称，相当于在路面中线上布置了一排测量点，中线两侧对称布置了三排测量点，测量网格示意图如图 4-5 所示。

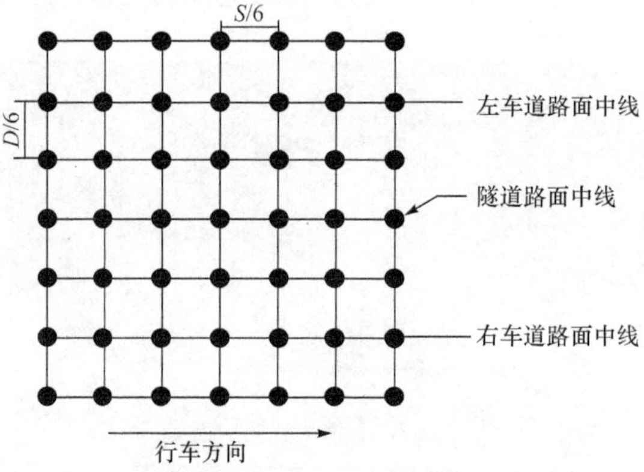

图 4-5　测量网格示意图

4.2　隧道照明仿真试验

隧道照明仿真试验以长度为 300m 的入口段进行布灯分析，采用两侧对称布灯方式，将照明灯具插件导入到软件 1 灯具库中，分别选用荧光灯、高压钠灯和 LED 灯组合，通过仿真比较组合灯具与单一灯源在路面亮度总均匀度、亮度纵向均匀度的异同。由于采用三种不同灯源，所以应采取一致性选择，如光通量、光源色温、灯具功率大小、灯具尺寸等应选择数据相差不大的。不同光源参数见表 4-2。

表 4-2　不同光源参数

灯具参数	灯具类型		
	高压钠灯	荧光灯	LED 灯
光源功率/W	70	70	71
光通量/lm	5800	6000	5000
发光效率/(lm/W)	63	79	80
尺寸/(cm×cm×cm)	45.9×32.5×14.5	60.5×24×12.8	48.9×17.3×12.8

4.2.1　LED 灯和高压钠灯组合

仿真分析 LED 灯和高压钠灯组合条件下路面亮度总均匀度和亮度纵向均匀度变化，选择的两种灯具的光源色温相差不能太大，否则会因色温差明显，导致产生斑马现象等影响行车安全的不良光环境视觉。

选择型号为 NVC NLED5831 70W/120°的 LED 灯和型号为 BMQ22-208 70W/120°的高压钠灯组合，两种光源灯具功率均为 70W，横向和纵向发光角度均为 120°。隧道布灯参数为灯具纵向安装，间距 2m，安装高度 4.5m，安装仰角 20°，横向安装间距 4.5m。LED 灯和高压钠灯组合布灯方式排列顺序如图 4-6 所示，隧道照明的 3D 效果如图 4-7 所示。

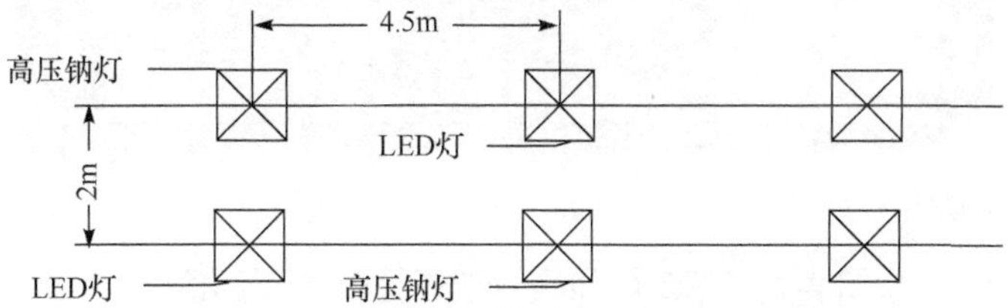

图 4-6　LED 灯和高压钠灯组合布灯排列图

照明设计中常使用伪色图来确定照明灯具排列组合是否合理，以直观地查看灯具安装之后的照明状态，为照明设计提供依据。LED 灯和高压钠灯组合仿真伪色图如图 4-8 所示。

从仿真图可看出，隧道路面照明效果良好，亮度满足照明要求。区域测量点的仿真照度值见表 4-3。

图 4-7　LED 灯和高压钠灯组合 3D 效果图

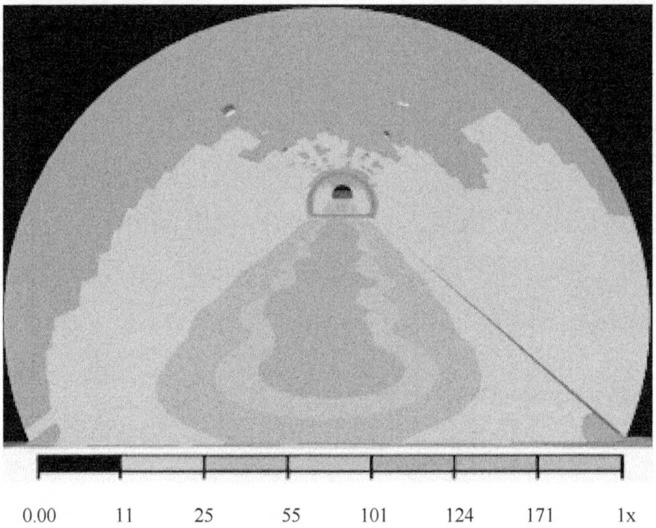

图 4-8　LED 灯和高压钠灯组合仿真伪色图

表 4-3　LED 灯和高压钠灯组合仿真照度值　　(单位：lx)

纵向测量坐标/m	横向测量坐标/m						
	−8.831	−5.887	−2.944	0.000	2.944	5.887	8.831
2.568	54	57	60	56	59	54	57
1.712	62	69	76	129	78	104	58
0.856	99	112	124	134	136	144	90

续表

纵向测量坐标/m	横向测量坐标/m						
	−8.831	−5.887	−2.944	0.000	2.944	5.887	8.831
0.000	97	107	129	135	132	122	106
−0.856	64	68	109	99	105	89	77
−1.712	58	56	57	56	64	65	64
−2.568	54	55	59	57	60	54	57

LED 灯和高压钠灯组合布灯情况下的路面照度总均匀度和路面中线照度纵向均匀度见表 4-4。

表 4-4　LED 灯和高压钠灯组合照度均匀度

均匀度分类	平均照度值/lx	最小照度值/lx	均匀度	《细则》要求值
路面照度总均匀度	83	54	0.65	≥0.4
路面中线照度纵向均匀度	118	97	0.72	0.6～0.7

从表 4-4 中可看出，LED 灯和高压钠灯组合状态下路面照度总均匀度和路面中线照度纵向均匀度均满足设计要求，计算区域内各点的亮度值满足照明设计需求，且大于《细则》所规定的照度值。LED 灯和高压钠灯组合能满足公路隧道照明需求。

4.2.2　LED 灯和无极荧光灯组合

选择型号为 NVC NLED5831 70W/120°的 LED 灯和型号为 ZQ109-YPZ 70W/120°的无极荧光灯组合，两种光源灯具功率均为 70W，横向和纵向发光角度均为 120°。隧道布灯参数为灯具纵向安装，间距 2m，安装高度 4.5m，安装仰角 20°，横向安装间距 4.5m。LED 灯和无极荧光灯组合布灯方式排列顺序如图 4-9 所示，隧道照明 3D 效果图和仿真伪色图分别如图 4-10、图 4-11 所示。

从 LED 灯和无极荧光灯组合 3D 效果图可看出，路面照明效果良好，视觉环境良好地满足驾驶需求，有少量的亮度光圈，代表着其亮度值高于周围的亮度值。

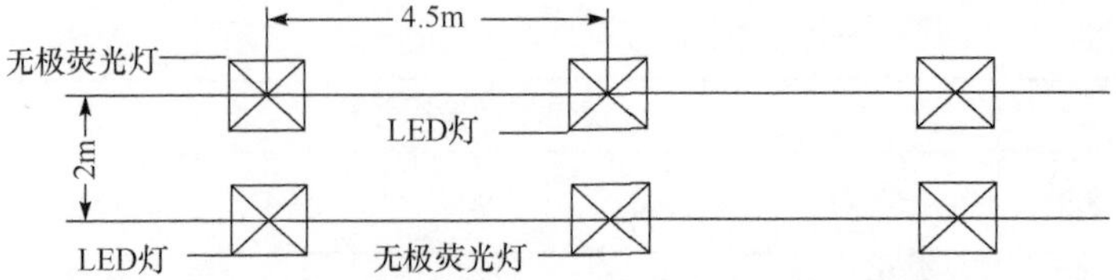

图 4-9　LED 灯和无极荧光灯组合布灯排列图

图 4-10　LED 灯和无极荧光灯组合 3D 效果图

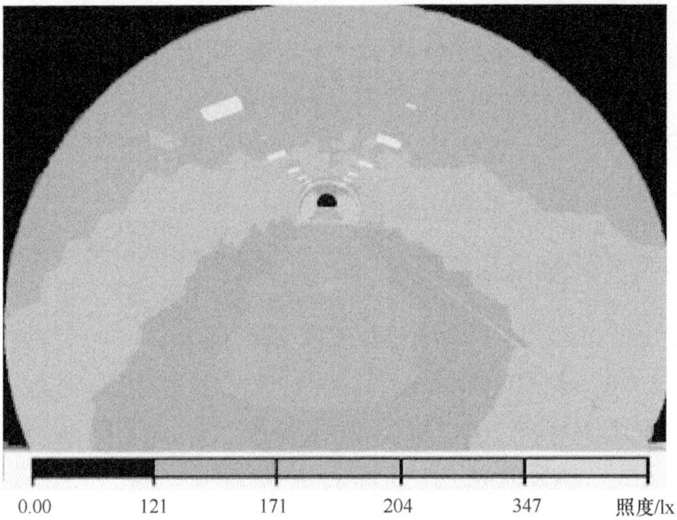

图 4-11　LED 灯和无极荧光灯组合仿真伪色图

从仿真伪色图可看出，隧道路面照明效果良好，亮度满足照明要求。LED 灯和无极荧光灯组合照度值见表 4-5。

表 4-5　LED 灯和无极荧光灯组合仿真照度值　(单位：lx)

纵向测量坐标/m	横向测量坐标/m						
	−8.831	−5.887	−2.944	0.000	2.944	5.887	8.831
2.568	61	63	65	66	68	66	63
1.712	73	82	91	117	99	118	71
0.856	110	127	170	207	203	108	103
0.000	122	167	224	235	312	188	124
−0.856	75	82	142	120	134	105	90
−1.712	66	67	66	67	78	65	68
−2.568	63	64	64	66	63	61	67

LED 灯和无极荧光灯组合布灯情况下的路面照度总均匀度和路面中线照度纵向均匀度计算值见表 4-6。

表 4-6　LED 灯和无极荧光灯组合照度均匀度

均匀度分类	平均照度值/lx	最小照度值/lx	均匀度	《细则》要求值
路面照度总均匀度	107	61	0.57	≥0.4
路面中线照度纵向均匀度	196	122	0.62	0.6～0.7

从表 4-6 可看出，LED 灯和无极荧光灯组合状态下路面照度总均匀度和路面中线照度纵向均匀度均满足《细则》要求，计算区域内各点的照度值也满足照明设计需求，且远大于《细则》中所规定的照度值。相比于 LED 灯和高压钠灯组合状态，其照度值显著增大。由此可见，LED 灯和无极荧光灯组合满足公路隧道照明需求。

4.2.3　无极荧光灯和高压钠灯组合

选择型号为 ZQ109-YPZ 70W/120°的无极荧光灯和型号为 BMQ22-208 70W/120°的高压钠灯组合，两种光源灯具功率均为 70W，横向和纵向发光角度均为 120°。隧道布灯参数为灯具纵向安装，间距 2m，安装高度 4.5m，安装仰角 20°，横向安装间距 4.5m，无极荧光灯和高压钠灯组合布灯方式排列顺序见图 4-12，隧道照明 3D 效果和仿真伪色图如

图 4-13、图 4-14 所示。

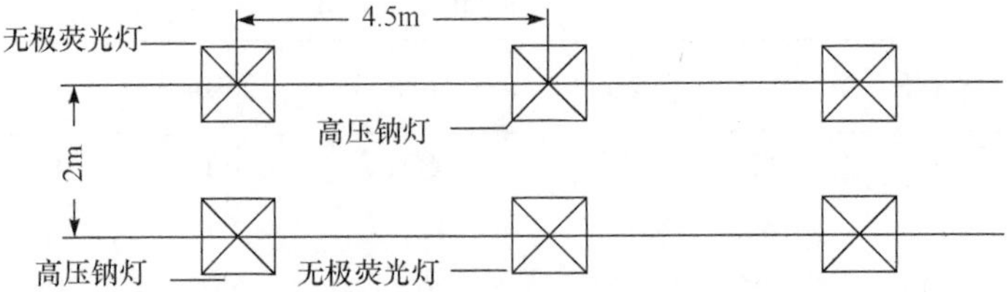

图 4-12　无极荧光灯和高压钠灯组合布灯排列顺序

图 4-13　无极荧光灯和高压钠灯组合 3D 效果图

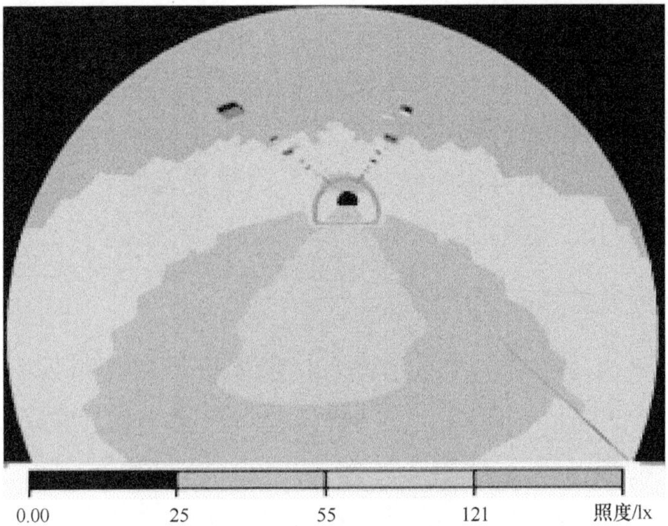

图 4-14　无极荧光灯和高压钠灯组合仿真伪色图

从无极荧光灯和高压钠灯组合 3D 效果图可看出，路面照明效果良好，且无相应的亮度光圈，说明其亮度值达到均衡状态，视觉环境良好，照明设施满足驾驶需求。无极荧光灯和高压钠灯组合仿真照度计算值见表 4-7。

表 4-7　无极荧光灯和高压钠灯组合仿真照度值　(单位：lx)

纵向测量坐标/m	横向测量坐标/m						
	−8.831	−5.887	−2.944	0.000	2.944	5.887	8.831
2.568	50	55	57	57	60	56	56
1.712	59	66	69	70	73	67	66
0.856	65	73	75	78	80	74	73
0.000	66	74	75	80	80	76	73
−0.856	61	70	70	76	73	71	68
−1.712	52	60	58	64	61	61	58
−2.568	40	46	47	48	48	47	46

无极荧光灯和高压钠灯组合布灯情况下的路面照度总均匀度和路面中线照度纵向均匀度计算值见表 4-8。

表 4-8　无极荧光灯和高压钠灯组合照度均匀度

均匀度分类	平均照度值/lx	最小照度值/lx	均匀度	《细则》要求值
路面照度总均匀度	64	40	0.63	≥0.4
路面中线照度纵向均匀度	74.8	66	0.83	0.6～0.7

从表 4-8 中可看出，无极荧光灯和高压钠灯组合状态下路面照度总均匀度和路面中线照度纵向均匀度都满足《细则》要求，计算区域内各点的照度值也满足照明设计需求，且远大于《细则》中所规定的亮度值。相比于 LED 灯和无极荧光灯组合状态，该组合照度值减小了，但趋于平均，并没有跳跃性增大，更加适合提高隧道照明质量。由此可见，无极荧光灯和高压钠灯组合能满足隧道照明需求。

4.2.4　LED 灯隧道照明仿真

上述三种灯具组合状态下的隧道照明效果良好，但是与单一灯具下的照明效果相比，是否存在一定的差异性，需要通过对单一灯具进行照明仿真试验来分析。

选择型号为 NVC NLED5831 70W/120°的 LED 灯，其光源灯具功率均 70W，横向和纵向发光角度均为 120°。隧道布灯参数为灯具纵向安装，间距 2m，安装高度 4.5m，安装仰角 20°，横向安装间距 4.5m。LED 灯布灯方式采用两侧对称布置，其布灯排列方式如图 4-15 所示，隧道照明的 3D 效果和仿真伪色图如图 4-16、图 4-17 所示。

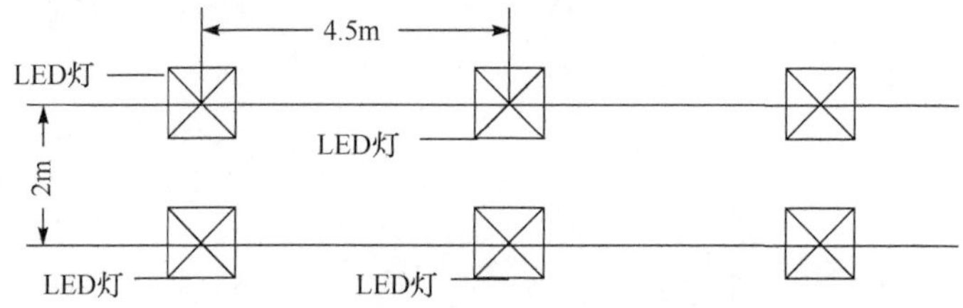

图 4-15　LED 灯布灯排列方式

图 4-16　LED 灯 3D 效果图

通过 3D 效果图可看出，两侧对称布置 LED 灯照射在隧道路面上的亮度效果明显，但由于横向间距太大以及 LED 灯具的直射发光类型，在路面上会有一些光照比较强的圆形区域。总体可看出，隧道光环境满足视觉需求和驾驶需求，照明设施的排列及布置符合《细则》要求。

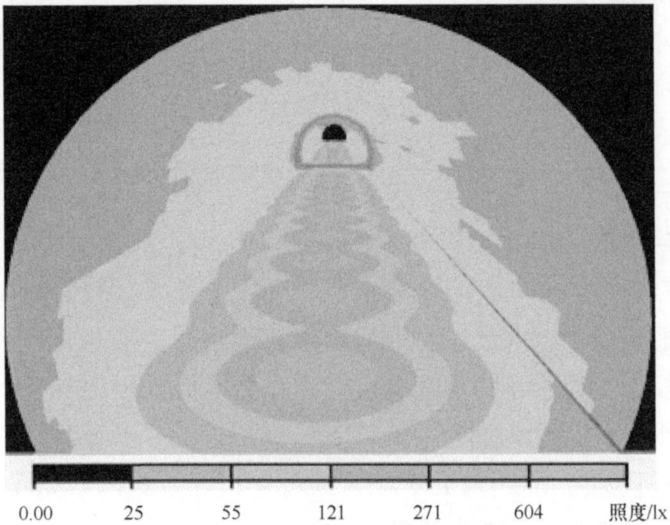

图 4-17　LED 灯仿真伪色图

通过 DIALux 仿真，计算得到区域测量点的照度仿真值见表 4-9。

表 4-9　LED 灯仿真照度值　　(单位：lx)

纵向测量坐标/m	横向测量坐标/m						
	−8.831	−5.887	−2.944	0.000	2.944	5.887	8.831
2.568	73	76	76	82	73	74	72
1.712	89	108	172	203	158	103	88
0.856	139	185	307	371	309	168	137
0.000	161	217	316	424	323	198	155
−0.856	131	168	304	327	282	156	128
−1.712	81	97	146	175	139	94	81
−2.568	74	76	81	77	74	73	72

从表 4-9 中可看出，两侧对称布置 LED 灯计算区域内的各点照度值均大于其他三种灯具组合情况下的照度值，这种环境使驾驶员能够更好地观察外部环境及其他车辆行驶状态。两侧对称布置 LED 灯的照度均匀度值见表 4-10。

表 4-10　LED 灯的照度均匀度

均匀度分类	平均照度值/lx	最小照度值/lx	均匀度	《细则》要求值
路面照度总均匀度	157	72	0.46	≥0.4
路面中线照度纵向均匀度	256	155	0.61	0.6～0.7

从表 4-10 中可看出，两侧对称布置 LED 灯状态下路面照度总均匀度和路面中线照度纵向均匀度都满足《细则》要求，计算区域内各点的照度值也满足照明设计需求，且远大于《细则》中所规定的照度值。均匀度结果显示，其路面照度总均匀度和路面中线照度纵向均匀度刚达到《细则》要求，比以上三种不同灯具组合情况下的均匀度小。由此可见，优化后的布灯参数对采用 LED 灯两侧对称布灯方式的效果不是很理想，不能明显提高隧道照明道路照度均匀度。

第五章　安全节能条件下隧道灯具布置方案优化

5.1　隧道灯具布置实验参数研究

根据《细则》，隧道中间段为基本照明段，其他各段为加强照明段。本节建立全长 1 000m、路宽 10.8m、净高 7m 的隧道照明模型，采用水泥混凝土路面，设计速度 80km/h，车流量为 750veh/(h·ln)，墙面设定反射率为 0.85 的材料，隧道洞口亮度为 3 000cd/m^2，根据《细则》计算各段的长度和理论亮度值。

5.1.1　隧道入口段照明亮度

入口段照明根据洞外亮度值、车速、车流量变化而变化，需要适当的亮度值以满足行车需求，减少视觉滞后现象。入口段划分为 th1、th2 两个照明段，对应亮度如式(5-1)、式(5-2)计算。

$$L_{\text{th}1}=K\times L_{20}\left(S\right) \tag{5-1}$$

$$L_{\text{th}2}=0.5\times K\times L_{20}\left(S\right) \tag{5-2}$$

式中，L_{th1} 为入口段 th1 的亮度(cd/m^2)；L_{th2} 为入口段 th2 的亮度(cd/m^2)；K 为入口段亮度折减系数，按表 5-1 取值；$L_{20}(S)$ 为洞外亮度(cd/m^2)；S 为灯具间距(m)。

表 5-1　入口段亮度折减系数 *K*

设计小时车流量 N/[veh/(h·ln)]		设计速度 V_t/(km/h)				
单向交通	双向交通	120	100	80	60	20～40
⩾1 200	⩾650	0.070	0.045	0.035	0.022	0.012
⩽350	⩽180	0.050	0.035	0.025	0.015	0.010

入口段长度按式(5-3)取值。

$$D_{\mathrm{th}1} = D_{\mathrm{th}2} = \frac{1}{2} \times \left(1.154 \times D_{\mathrm{S}} - \frac{h - 1.5}{\tan 10^{\circ}}\right) \tag{5-3}$$

式中，$D_{\mathrm{th}1}$为入口段 th1 长度(m)；$D_{\mathrm{th}2}$为入口段 th2 长度(m)；D_{S}为照明停车视距(m)，按表 5-2 取值；h 为隧道内净空高度(m)。

表 5-2　照明停车视距　(单位：m)

设计速度 V_t/(km/h)	纵坡/%								
	−4	−3	−2	−1	0	1	2	3	4
120	260	245	232	221	210	202	193	186	179
100	179	173	168	163	158	154	149	145	142
80	112	110	106	103	100	98	95	93	90
60	62	60	58	57	56	55	54	53	52
40	29	28	27	27	26	26	25	25	25
20～30	20	20	20	20	20	20	20	20	20

5.1.2　过渡段照明亮度

过渡段按照渐变递减的原则划分为 tr1、tr2、tr3 三段，与之对应的亮度见式(5-4)～(5-6)取值，过渡段长度$(D_{\mathrm{tr}1}、D_{\mathrm{tr}2}、D_{\mathrm{tr}3})$按表 5-3 取值。

$$L_{\mathrm{tr}1} = 0.15 \times L_{\mathrm{th}1} \tag{5-4}$$

$$L_{\mathrm{tr}2} = 0.05 \times L_{\mathrm{th}1} \tag{5-5}$$

$$L_{\mathrm{tr}3} = 0.02 \times L_{\mathrm{th}1} \tag{5-6}$$

表 5-3　过渡段长度　(单位：m)

设计速度 V_t/(km/h)	$D_{\mathrm{tr}1}$ 隧道内净空高度 h/m			$D_{\mathrm{tr}2}$	$D_{\mathrm{tr}3}$
	6	7	8		
120	139	137	135	133	200
100	108	106	103	111	167
80	74	72	70	89	133
60	46	44	42	67	100
40	26	26	26	44	67

5.1.3　中间段照明亮度

中间段照明不受洞外亮度的影响，与隧道照明质量有关，其亮度按表 5-4 取值。

表 5-4　中间段亮度值 L_{in}　(单位：cd/m^2)

设计速度 V_t/(km/h)	单向交通/[veh/(h·ln)]		
	N≥1 200	350<N<1 200	N≤350
	双向交通/[veh/(h·ln)]		
	N≥650	180<N<650	N≤180
120	10.0	6.0	4.5
100	6.5	4.5	3.0
80	3.5	2.5	1.5
60	2.0	1.5	1.0
20～40	1.0	1.0	1.0

中间段长度为隧道全长减去入口段、过渡段、出口段长度，隧道全长不同，参数不同，各段数值不同。

5.1.4　出口段照明亮度

出口段划分为 ex1、ex2 照明段，每段长度取 30m，对应亮度值见式(5-7)、式(5-8)。

$$L_{ex1} = 3 \times L_{in} \tag{5-7}$$

$$L_{ex2} = 5 \times L_{in} \tag{5-8}$$

隧道照明模型全长 1 000m、路宽 10.8m、净高 7m，设计速度 80km/h，N 为 750veh/(h·ln)，洞门隧道洞口亮度为 3 000cd/m^2。计算出各段的长度和理论亮度值分别为：D_{th1} 和 D_{th2} 为 40m，L_{th1} 为 90cd/m^2，L_{th2} 为 45cd/m^2。中间段长度为 560m，亮度为 2.5cd/m^2。L_{tr1} 为 13.5cd/m^2，L_{tr2} 为 4.5cd/m^2，L_{tr3} 为 1.8cd/m^2，当 L_{tr3} 不大于 L_{in} 的 2 倍时，可不用设置 L_{tr3}，D_{tr1} 为 70m，D_{tr2} 为 230m。L_{ex1} 为 7.5cd/m^2、L_{ex2} 为 12.5 cd/m^2，D_{ex1} 和 D_{ex2} 为 30m。

5.1.5 隧道布灯间距计算

入口段采用功率为150W的LED灯,其单个灯具光通量为15 000lm。过渡段、中间段、出口段采用功率为70W的LED灯，其单个灯具光通量为8920lm，进行布灯方式分析。

入口段1选择150W的LED灯，采用两侧对称布置，则布灯间距如式(5-9)所示。

$$s=\frac{\eta \Phi M \omega}{W E_{\mathrm{av}}}=1.2(\mathrm{m}) \tag{5-9}$$

取间距2m，采用中线偏侧布置，则布灯间距如式(5-10)所示。

$$s=\frac{\eta \Phi M \omega}{W E_{\mathrm{av}}}=0.6(\mathrm{m}) \tag{5-10}$$

取间距1m，由上述公式可得隧道各个段的布灯间距见表5-5。

表5-5　隧道布灯间距　(单位：m)

布灯方式	入口段1	入口段2	过渡段1	过渡段2	中间段	出口段1	出口段2
对称、交错	2.0	3.0	5	14	25.5	9.0	6
中央、中线偏侧	1.0	1.5	2.5	7	13	4.5	3

5.2 基于两款软件的隧道照明仿真

隧道照明仿真方式主要有两种，一种为“道路照明”，不考虑墙壁、洞顶对光线的反射，直接利用道路照明模拟隧道照明；另一种为“室内穹顶”，建立拱顶模型，将墙壁、洞顶对光线的反射计算到路面照度中。本书选择“室内穹顶”方式进行仿真试验。首先利用绘图软件建立隧道照明模型，导入软件1中，或者利用BIM建立隧道照明3D模型，导入软件2中，分阶段利用两款软件进行仿真模拟，仿真分析隧道两侧对称布灯、两侧交错布灯、中央布灯、中线偏侧布灯四种不同布灯方式，在不同工况及不同灯具布置参数下对隧道照明质量及能耗的影响。

5.2.1 软件1仿真模拟布灯方式

利用绘图软件建立隧道照明模型，导入软件1中，在软件1中绘制实体隧道模型，利用布尔运算绘制出空心隧道模型。同样照明条件下，水泥混凝土比沥青混凝土亮度高，因此，将路面材质设置为水泥混凝土材质。导入涂料层材质、建筑物材质等信息，完成建模工作，隧道照明3D模型如图5-1所示。

图5-1　隧道照明3D模型

进行灯具导入，选择相关灯具，导入其配光曲线如图5-2所示，进行起始点跟末尾点的捕捉，并且选择中心到中心的布灯方式，对灯具间距、角度、高度等参数进行设置。在软件1中设置路面工作平面，以路面中线为对称轴的对称照明计算区域。将计算区域划分为7×7个计算点，纵向计算点的间距不大于1.0m，为照度计算做准备，将计算元件作为隧道道路照明的评价区域，图5-3为路面平均照度和总均匀度计算区域。利用软件1，根据不同间距、不同灯具布置进行多次模拟，得出隧道整体布灯方案。

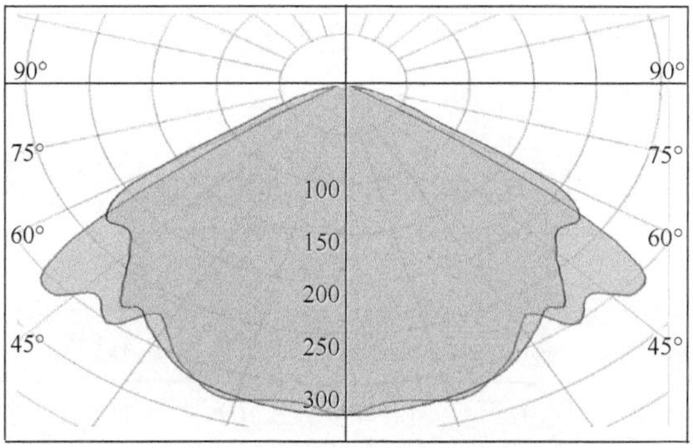

图5-2　LED灯具配光曲线

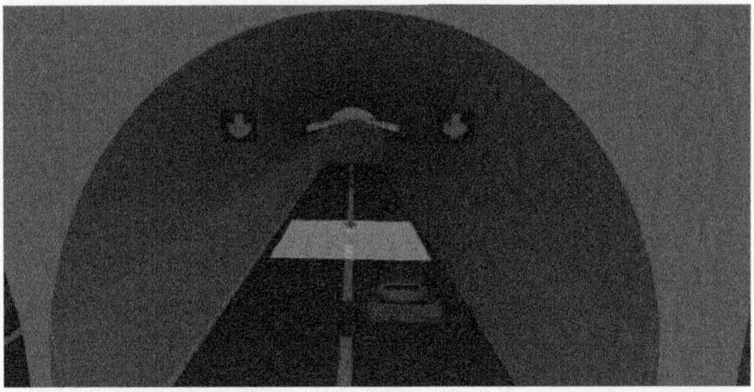

图 5-3　路面平均照度和总均匀度计算区域

入口段 1 采用型号为 ZQ616D-LED150HT-57M1/220 的 LED 灯具，功率为 150W，其单个灯具光通量为 15 000lm。安装高度 5.6m，两侧布灯纵向安装，间距 2m，中线偏侧布灯为 1m，两侧对称布灯和两侧交错布灯安装仰角为 20°，在隧道 3m 处往下添加反射率为 0.85 的反光涂料。过渡段、中间段、出口段采用型号为 TALON M2-9760lm，PMMA CLEAR，750/5 000K 的 LED 灯，功率为 70W，其单个灯具光通量为 8 920lm。进行布灯方式研究，模拟四种布灯方式下隧道照明情况，选择路面照度均匀度、路面中线照度、纵向均匀度优的以及光照经济性的方案。

1. 中央布灯方式

以横向布灯间距 1.0m 及布灯高度 5.6m 进行布灯，利用软件 1 建立隧道照明模型，求其平均照度和消耗的总功率，得到的照度数据如表 5-6 所示。灯具中央布灯伪色图如图 5-4 所示，可通过模拟后的照明状态来检测灯具布置是否合理。

表 5-6　中央布灯仿真照度值　(单位：lx)

纵向坐标/m	横向坐标/m						
	−4.234	−2.823	−1.411	0.000	1.411	2.823	4.234
2.496	1 050	1 077	1 094	1 109	1 114	1 119	1 121
1.664	1 334	1 367	1 387	1 404	1 410	1 414	1 419

续表

纵向坐标/m	横向坐标/m						
	−4.234	−2.823	−1.411	0.000	1.411	2.823	4.234
0.832	1 576	1 615	1 640	1 656	1 665	1 671	1 674
0.000	1 769	1 814	1 841	1 861	1 870	1 877	1 881
−0.832	1 906	1 953	1 979	1 999	2 010	2 017	2 020
−1.664	1 864	1 910	1 940	1 956	1 968	1 976	1 978
−2.496	1 628	1 671	1 698	1 718	1 726	1 733	1 737

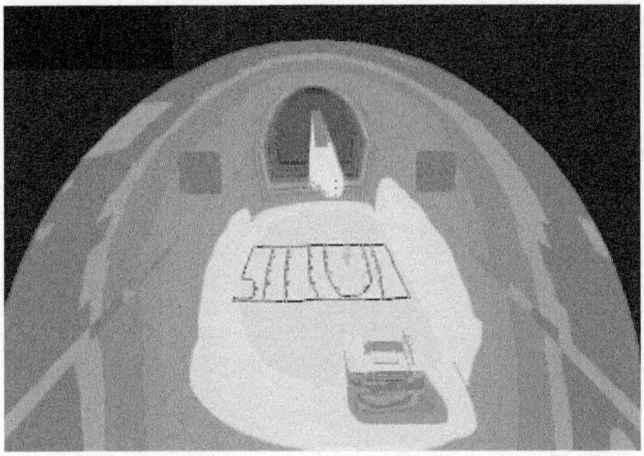

图 5-4　中央布灯伪色图

中央布灯伪色图路面灯光较均匀，色系性差不大，从安装灯具开始的位置到安装灯具结束的位置，中间没有其他的色系，没有其他的椭圆形光圈，为理想布灯方式。由伪色度可以看出，中央布灯路面照度值相对较高，从导出的报告表可以得出计算区域的照度值见表 5-6，路面照度均匀度计算值见表 5-7。

表 5-7　中央布灯路面照度均匀度

均匀度分类	平均照度值/lx	最小照度值/lx	均匀度	《细则》要求值
路面照度总均匀度	1 657	1 050	0.63	0.3～0.4
路面中线照度纵向均匀度	1 845	1 769	0.96	0.5～0.6

通过上述仿真照度值、伪色图、路面照度均匀度可看出，中央布灯路面照度值相对高，路面照度总均匀度和路面中线照度纵向均匀度较优，满足视觉要求，行车环境良好。

2. 中线偏侧布灯方式

从中线向右侧偏移 1m，根据《细则》计算的横向布灯间距 1m 及布灯高度 5.6m 进行布灯，利用软件 1 建立隧道照明模型，得到平均照度和消耗总功率，其计算区域的照度值和路面照度均匀度数据见表 5-8、表 5-9。中线偏侧布灯和中央布灯数量相同、功率消耗相同，最大的不同是各个点的照度值不同、路面照度总均匀度不同。灯具中线偏侧布灯伪色图如图 5-5 所示。

表 5-8 中线偏侧布灯仿真照度值 (单位：lx)

纵向坐标/m	横向坐标/m						
	−4.234	−2.823	−1.411	0.000	1.411	2.823	4.234
2.496	742	762	776	786	791	795	799
1.664	1 016	1 044	1 059	1 070	1 078	1 082	1 085
0.832	1 320	1 353	1 374	1 386	1 395	1 401	1 403
0.000	1 593	1 632	1 663	1 674	1 682	1 690	1 693
−0.832	1 826	1 877	1 884	1 911	1 914	1 922	1 924
−1.664	1 993	2 041	2 071	2 089	2 102	2 110	2 110
−2.496	2 024	2 073	2 104	2 122	2 133	2 142	2 145

表 5-9 中线偏侧布灯路面照度均匀度

均匀度分类	平均照度值/lx	最小照度值/lx	均匀度	《细则》要求值
路面照度总均匀度	1 564	742	0.47	0.3～0.4
路面中线照度纵向均匀度	1 661	1 593	0.96	0.5～0.6

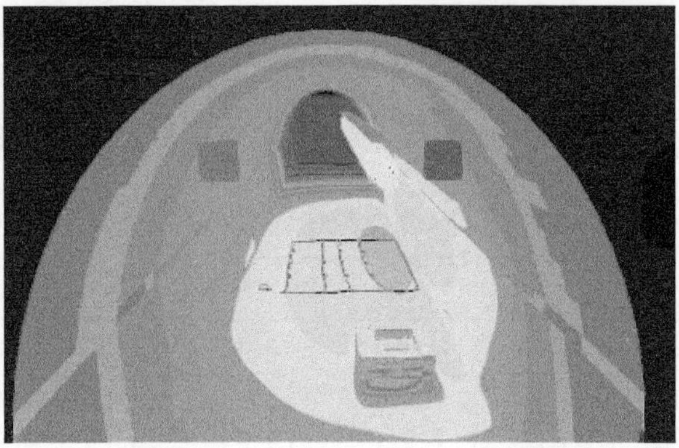

图 5-5 中线偏侧布灯伪色图

中线偏侧布灯伪色图路面灯光不均匀，右侧车道明显亮度大，左右车道色系不一致，从安装灯具开始的位置到安装灯具结束位置，中间没有其他色系，没有其他的椭圆形光圈，3D 布灯效果显示没有中央布灯理想。

通过上述仿真照度值、伪色图、路面照度均匀度可看出，中线偏侧布灯路面照度值没有中央布灯优，路面照度总均匀度和路面中线照度纵向均匀度较优，满足视觉要求，但伪色图显示照度值不均匀，左右同一条直线差距较大，易造成眩晕感，照度均匀度较差，易诱发频闪效应，驾驶员不适感增强，威胁交通安全，不是最优布灯选择。

3. 两侧对称布灯方式

布灯高度不变，其他约束条件不变，安装间距根据上述计算出来的横向间距 2m 进行布灯，纵向安装间距 2m，高度 5.6m。经仿真模拟，求取平均照度和消耗总功率，伪色图如图 5-6 所示。

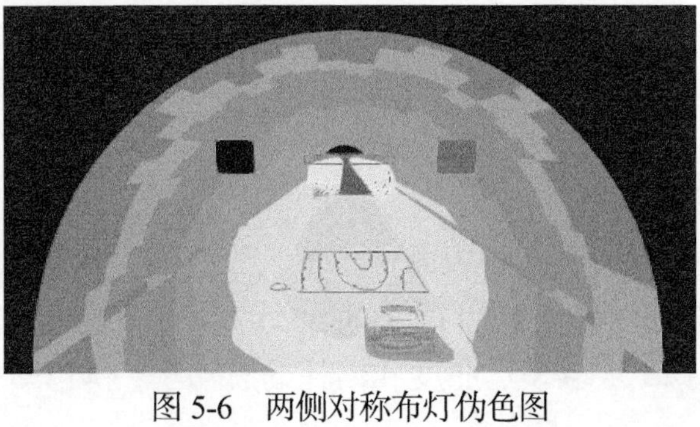

图 5-6 两侧对称布灯伪色图

两侧对称布灯伪色图和中央布灯类似，路面灯光较均匀，色系相差不大，没有其他的椭圆形光圈，其布灯方式优于中线偏侧布灯，为理想布灯方式，计算区域的照度值见表 5-10，路面照度均匀度计算值见表 5-11。

表 5-10 两侧对称布灯仿真照度值 (单位：lx)

纵向坐标/m	横向坐标/m						
	−4.234	−2.823	−1.411	0.000	1.411	2.823	4.234
2.496	1 032	1 059	1 073	1 085	1 091	1 095	1 098
1.664	1 315	1 342	1 364	1 376	1 381	1 384	1 391
0.832	1 584	1 618	1 641	1 653	1 664	1 668	1 668
0.000	1 788	1 826	1 848	1 863	1 873	1 879	1 884
−0.832	1 852	1 884	1 910	1 925	1 934	1 941	1 948
−1.664	1 721	1 756	1 780	1 796	1 806	1 813	1 815
−2.496	1 444	1 478	1 499	1 513	1 525	1 532	1 535

表 5-11 两侧对称布灯路面照度均匀度

均匀度分类	平均照度值/lx	最小照度值/lx	均匀度	《细则》要求值
路面照度总均匀度	1 591	1 032	0.65	0.3～0.4
路面中线照度纵向均匀度	1 852	1 788	0.97	0.5～0.6

通过上述数据、伪色图、路面照度均匀度可看出，两侧对称布灯路面照度值优于中线偏侧布灯，劣于中央布灯，路面照度总均匀度和路面中线照度纵向均匀度较优，路面照度值比较均匀，相差不大，满足视觉要求，可选择此种布灯方式。

4. 两侧交错布灯方式

布灯高度不变，其他约束条件不变，安装间距根据上述计算出来的横向间距 2m 进行布灯，纵向安装间距 2m，高度 5.6m，选择两侧交错布灯进行仿真模拟，求取平均照度和消耗的总功率，伪色图如图 5-7 所示。

两侧交错布灯和中央布灯、两侧对称布灯路面灯光均匀，中间没有其他色系，没有其他的椭圆形光圈，满足视觉需求，从导出的报告表可得出计算区域的照度值见表 5-12，路面照度均匀度计算值见表 5-13。

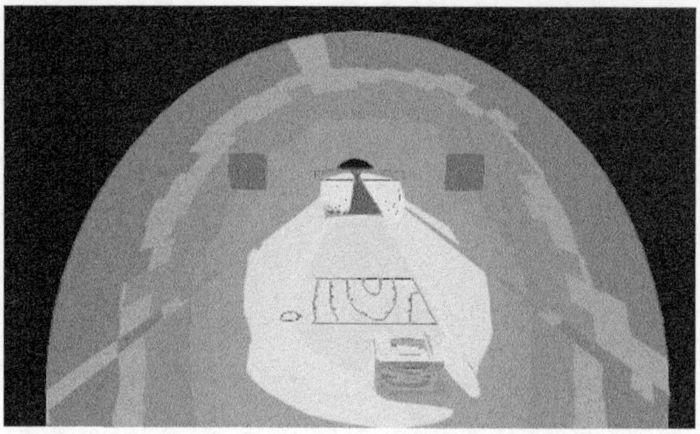

图 5-7　两侧交错布灯伪色图

表 5-12　两侧交错布灯仿真照度值　　(单位：lx)

纵向坐标/m	横向坐标/m						
	−4.234	−2.823	−1.411	0.000	1.411	2.823	4.234
2.496	1 023	1 056	1 070	1 083	1 091	1 095	1 099
1.664	1 309	1 336	1 358	1 378	1 380	1 385	1 390
0.832	1 568	1 607	1 636	1 650	1 660	1 668	1 677
0.000	1 766	1 813	1 839	1 858	1 868	1 876	1 880
−0.832	1 826	1 933	1 900	1 917	1 930	1 938	1 943
−1.664	1 697	1 739	1 768	1 788	1 800	1 808	1 811
−2.496	1 422	1 461	1 487	1 502	1 518	1 527	1 531

表 5-13　两侧交错布灯路面照度均匀度

均匀度分类	平均照度值/lx	最小照度值/lx	均匀度	《细则》要求值
路面照度总均匀度	1 585	1 023	0.65	0.3～0.4
路面中线照度纵向均匀度	1 843	1 766	0.96	0.5～0.6

通过上述仿真照度值、伪色图、路面照度均匀度可以看出，两侧交错布灯路面照度值优于中线布灯，劣于中央布灯和两侧对称布灯，路面照度总均匀度和路面中线照度纵向均匀度较优，路面照度值比较均匀，相差不大，满足视觉要求，可以选择此布灯方式。

5.2.2　基于软件 2 的布灯方式仿真

采用软件 2 对隧道入口段 1 人工照明环境进行分析，采用中央布灯、中线偏侧布灯、两侧对称布灯、两侧交错布灯四种布灯方式，通过仿真选取最优布灯方式，以提高照明效果、降低照明设备成本。

利用设计软件建立长度 1 000m、净宽 10.8m、净高 7.8m 的隧道照明 3D 模型，两检修道各 0.75m，两行车道各 3.75m，导出格式为 DXF 文件，导入软件 2 中，在软件 2 中自行建模。默认建模区域高度 10m，网格尺寸 1m×1m，网格起始点为原点(0,0,0)，隧道基本数据同 Revit 软件中建模数据，利用拉伸工具进行拉伸断面，建立 1 000m 的隧道照明模型，模型如图 5-8 所示。

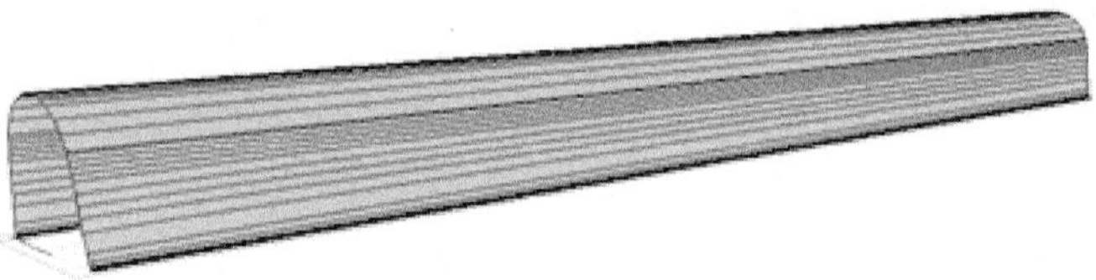

图 5-8　隧道 3D 模型

入口段 1 仿真选取 150W LED 灯作为隧道照明灯具，安装高度 5.6m，中央布灯和中间偏侧布灯间距 1m，交错布灯和两侧对称布灯间距 2m，入口段 2 选择 150W 的 LED 灯，其他各段选用 70W 的 LED 灯，分别对四种布灯方式进行照明仿真。

1. 中央布灯方式

以横向布灯间距 1m、布灯高度 5.6m 进行布灯，利用软件 2 建立隧道照明模型，计算中央布灯方式下全隧道路面照度分布情况，求取平均照度值、路面照度均匀度。中央布灯图如图 5-9 所示，照明显示三维数值图见图 5-10。

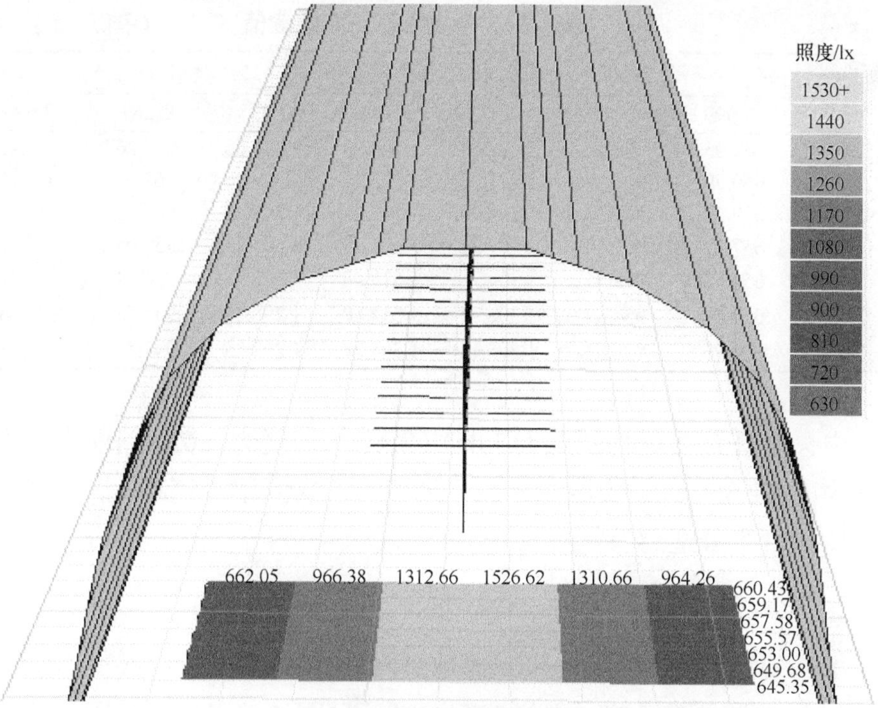

图 5-9　中央布灯图

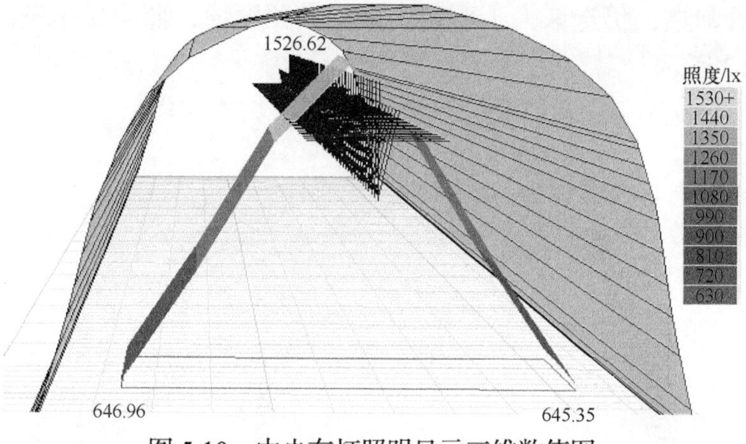

图 5-10　中央布灯照明显示三维数值图

经过灯具模拟仿真，计算照度区间的照度值，此时选择人工照度，关闭自然采光照度，选择 X 轴、Y 轴的偏移量为 0.00m，进行照明计算。通过软件 2 计算可得计算区间的照度值，中央布灯仿真照度计算值见表 5-14。

表 5-14　中央布灯仿真照度值　　(单位：lx)

纵向坐标/m	横向坐标/m						
	−3.999	−2.667	−1.333	0.000	1.333	2.667	3.999
3.000	662.05	966.38	1 312.68	1 526.62	1 310.66	964.26	660.43
2.000	660.79	965.04	1 311.27	1 525.21	1 309.26	962.92	659.17
1.000	659.20	963.33	1 309.49	1 523.41	1 307.49	961.22	657.17
0.000	657.19	961.16	1 307.21	1 521.09	1 305.21	959.05	655.57
−1.000	654.62	958.35	1 304.25	1 518.08	1 302.25	956.24	653.00
−2.000	651.29	954.69	1 300.35	1 514.10	1 298.35	952.58	649.68
−3.000	646.96	949.84	1 295.15	1 508.77	1 293.15	947.73	645.35

中央布灯路面平均照度为 1 051.02lx，均匀度为 0.61，路面中线平均照度为 1 052.35lx，均匀度为 0.62，路面照度数值相对较高，满足视觉需求，增加行车舒适感。

2. 中线偏侧布灯方式

中线偏侧布灯与中央布灯一样，取布灯间距 1m，从中线向右侧偏移 1m，其他布灯参数不变。中线偏侧布灯图见图 5-11，选取相同位置进行网格分析调整，仍选取人工照度，模拟其照度值，照明显示三维数值图见图 5-12 所示。

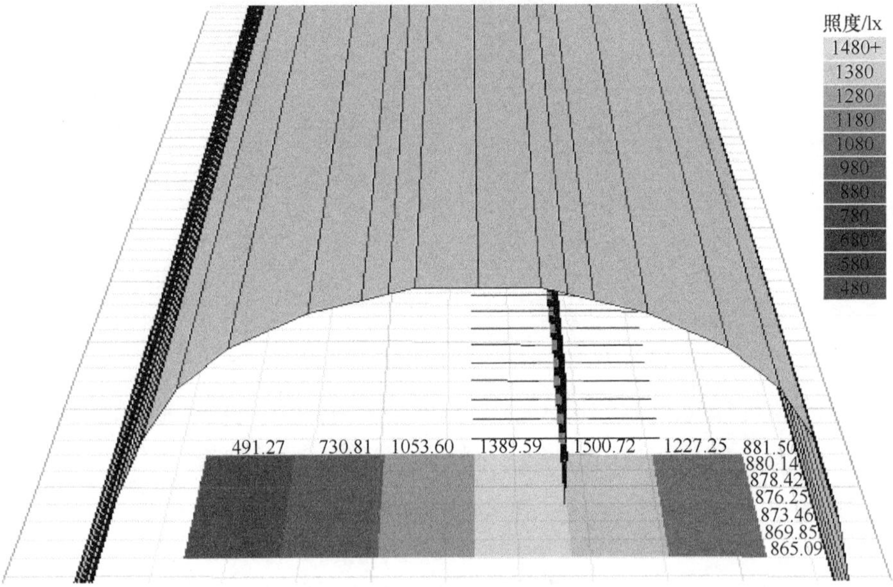

图 5-11　中线偏侧布灯图

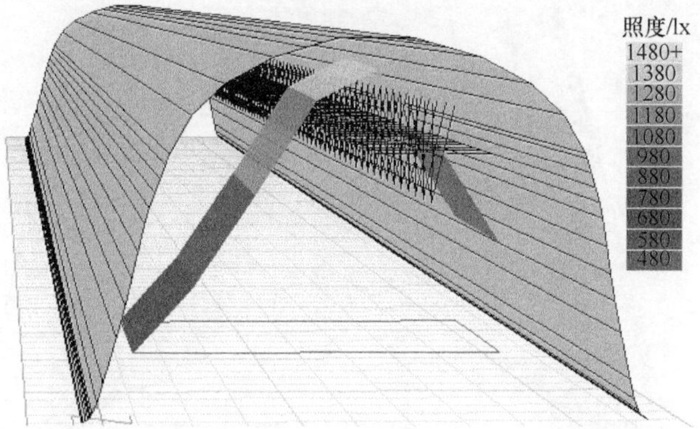

图 5-12　中线偏侧布灯照明显示三维数值图

采集模拟数据，对中线偏侧布灯进行分析，网格节点照度值见表 5-15。

表 5-15　中线偏侧布灯仿真照度值　(单位：lx)

纵向坐标/m	横向坐标/m						
	−3.999	−2.667	−1.333	0.000	1.333	2.667	3.999
3.000	491.27	730.81	1 053.60	1 389.59	1 500.72	1 227.25	881.50
2.000	490.04	729.48	1 052.19	1 388.14	1 499.26	1 225.82	880.14
1.000	488.51	727.82	1 050.43	1 388.31	1 497.42	1 224.02	878.42
0.000	488.61	725.73	1 048.19	1 383.98	1 495.07	1 221.73	876.25
−1.000	484.21	723.06	1 045.30	1 380.96	1 492.02	1 218.76	873.46
−2.000	481.16	719.61	1 041.54	1 377.00	1 488.02	1 214.88	869.85
−3.000	477.24	715.11	1 036.55	1 371.72	1 482.68	1 209.72	865.09

中线偏侧布灯路面平均照度值为 1 032.62lx，均匀度为 0.46，路面中线纵向平均照度值为 1 034.22lx，均匀度为 0.47。中线偏侧布灯路面照度数值比中央布灯低，均匀度虽满足视觉需求，但劣于中央布灯，计算区域的照度值相对不均匀，不是布灯最优选择。

3. 两侧对称布灯方式

建立隧道照明模型，将布灯方式改为中线左右各偏 1m，间距为 2m 的对称布灯方式，其他布灯参数相同，布灯方式见图 5-13。在相同的位置设置分析网格，间隔点数都取相同值，选取相同灯具，进行布灯照度模拟，计算人工照度值。照明显示三维数值图如图 5-14 所示。

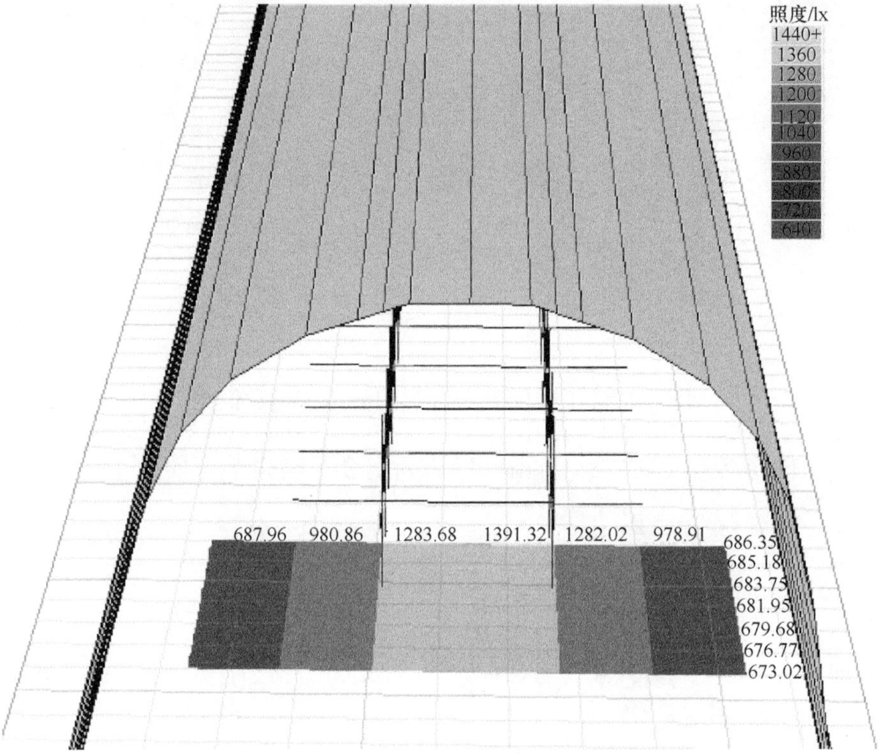

图 5-13　两侧对称布灯图

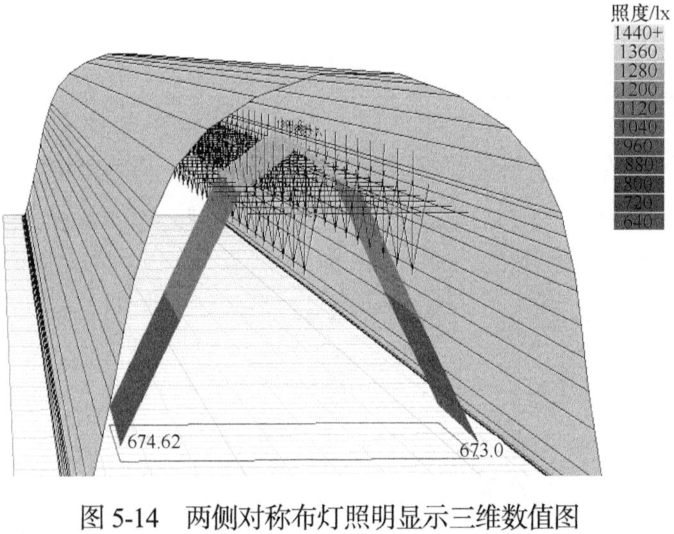

图 5-14　两侧对称布灯照明显示三维数值图

利用软件 2 进行模拟得出计算区域的照度值，见表 5-16。

表 5-16　两侧对称布灯仿真照度值　(单位：lx)

纵向坐标/m	横向坐标/m						
	−3.999	−2.667	−1.333	0.000	1.333	2.667	3.999
3.000	687.96	980.86	1 283.68	1 391.32	1 282.02	978.91	686.35
2.000	686.80	979.31	1 271.54	1 386.06	1 270.09	977.37	685.18
1.000	685.37	978.10	1 280.83	1 388.43	1 279.17	976.15	683.75
0.000	683.56	975.85	1 267.94	1 382.41	1 266.49	973.91	681.95
−1.000	681.29	973.72	1 276.23	1 383.76	1 274.58	971.77	679.68
−2.000	678.38	970.22	1 262.01	1 376.37	1 260.56	968.28	676.77
−3.000	674.62	966.39	1 268.47	1 375.84	1 266.81	964.44	673.02

两侧对称布灯隧道路面平均照度为 1 034.17lx，均匀度为 0.65，路面中线纵向平均照度值为 1 033.16lx，均匀度为 0.66。两侧对称布灯路面照度数值比中央布灯低，均匀度满足视觉需求，且优于中线偏侧布灯，计算区域的照度值相对均匀，缓解视觉疲劳，增加行车的舒适性，此布灯方式适合选择。

4. 两侧交错布灯方式

将布灯方式改为中线左右各偏 1m，间距为 2m 的交错布置，其他参数相同，布灯方式见图 5-15。在相同的位置设置分析网格，间隔点数都取相同值，选取相同灯具，进行布灯照度模拟，计算人工照度值，两侧交错布灯照明显示三维数值图见图 5-16。

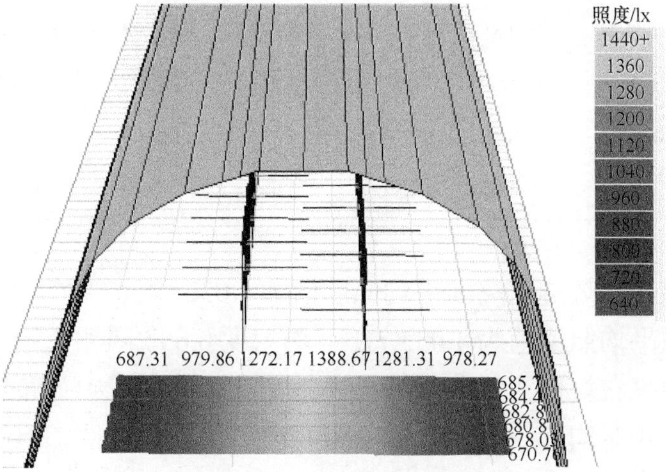

图 5-15　两侧交错布灯图

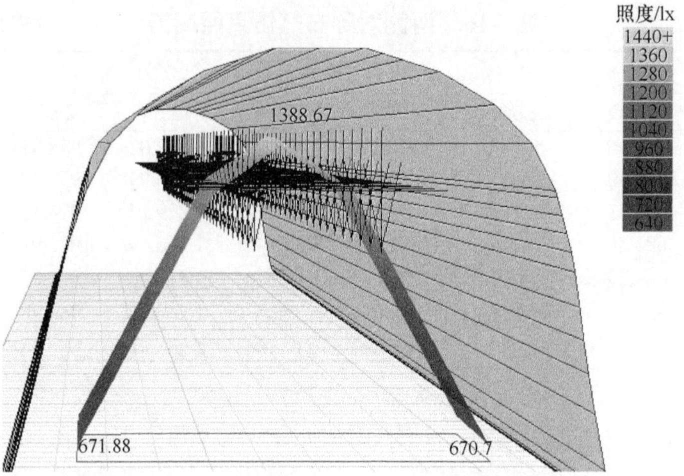

图 5-16　两侧交错布灯照明显示三维数值图

采集模拟数据，对两侧交错布灯进行分析，网格节点照度值见表 5-17。

表 5-17　两侧交错布灯仿真照度值　(单位：lx)

纵向坐标/m	横向坐标/m						
	−3.999	−2.667	−1.333	0.000	1.333	2.667	3.999
3.000	687.31	979.86	1 272.17	1 388.67	1 281.31	978.27	685.75
2.000	686.01	978.80	1 281.52	1 387.18	1 269.31	976.59	684.46
1.000	684.37	976.74	1 268.93	1 385.40	1 278.10	975.19	682.87
0.000	682.31	974.85	1 277.41	1 383.03	1 265.24	972.71	680.85
−1.000	679.68	971.69	1 263.65	1 380.06	1 272.87	970.23	678.31
−2.000	676.30	968.30	1 270.52	1 376.05	1 258.44	966.31	675.03
−3.000	671.88	963.09	1 254.54	1 370.82	1 263.89	961.86	670.78

两侧交错布灯隧道路面平均照度值为 1 032.44lx，均匀度为 0.64，路面中线纵向平均照度值为 1 033.77lx，均匀度 0.66。两侧交错布灯路面照度数值比中央布灯低，均匀度满足视觉需求，但劣于中央布灯，计算区域的照度值相对均匀，缓解视觉疲劳，增加行车舒适性，但照度值相对低，不是最优布灯方式。

5.3　隧道布灯方案优化

5.3.1　隧道布灯方式

采用两款照明软件分别模拟仿真入口段 1 中央布灯、中线偏侧布灯、两侧对称布灯、两侧交错布灯四种布灯方式下的隧道照明质量，通过比较隧道路面照度、均匀度、路面平均照度均匀度分析四种布灯方式的照明效果。

入口段 1 经软件 1 模拟仿真隧道照明质量，其结果显示，两侧对称布灯、两侧交错布灯、中央布灯、中线偏侧布灯路面平均照度值分别为 1591lx、1 585lx、1 657lx、1 564lx，最小照度值分别为 1 032lx、1 023lx、1 050lx、742lx，均匀度分别为 0.65、0.65、0.63、0.47；路面中线纵向平均照度值分别为 1852lx、1 843lx、1 845lx、1 661lx，最小照度值分别为 1 788lx、1 766lx、1 769lx、1 593lx，均匀度分别为 0.97、0.96、0.96、0.96。

综合比较,四种布灯方式下的照度值和均匀度均满足照明设计要求，且大于《细则》要求，在均匀度相差不大的情况下，为了缓解进入洞口处黑洞效应的影响，建议选择照度值偏大的方案。中央布灯路面平均照度值最大，比其他三种方式的照度值大 70lx 左右，相差较大，因此，入口段 1 选择中央布灯方式。

入口段 1 经软件 2 模拟隧道照明质量，结果显示两侧对称布灯、两侧交错布灯、中央布灯、中线偏侧布灯路面平均照度分别为 1 034.17lx、1 032.44lx、1 051.02lx、1 032.62lx，均匀度分别为 0.65、0.64、0.62、0.46；路面中线纵向平均照度值分别为 1 033.16lx、1 033.77lx、1 052.35lx、1 034.22lx，均匀度分别为 0.66、0.66、0.62、0.47。

中央布灯比其他三种布灯方式情况下的路面照度值、路面中线纵向平均照度值大，计算区域的照度值相对均匀，中线偏侧照度值相对不均匀。

两款照明软件仿真模拟四种布灯方式下的隧道道路照明质量，其结果显示中央布灯的路面照度值最大，计算区域的照度值比较均匀，能耗低，为最优选择，满足视觉需求，增加行车舒适感。

两款软件仿真模拟结果相同，更加验证了方案的可靠性。两款软件导入过程简单，且兼容性好。软件 2 虽然可针对各种自然采光和人工照明环境作分析和评估，但软件 1 的 3D 渲染实景图更加美观，可提供全面的报表和 3D 虚实实景图，效果逼真，根据效果图能轻易观察出照度值差异。因此，优先选用软件 1 对隧道道路照明质量进行模拟。

5.3.2 隧道布灯方案

利用隧道照明软件 1 模拟仿真中央布灯、中线偏侧布灯、两侧对称布灯、两侧交错布灯四种布灯条件下的隧道照明质量，经过 28 次照明仿真模拟，处理分析 28 组照明数据，选择各段适合的布灯方案，以入口段 1 为例详细分析四种布灯方式的照度值、均匀度、所需能耗值等参数。

两侧对称布灯、两侧交错布灯、中央布灯、中线偏侧布灯路面平均照度分别为 1 591lx、1 585lx、1 657lx、1 564lx，最小照度值分别为 1 032lx、1 023lx、1 050lx、742lx，均匀度分别为 0.65、0.65、0.63、0.47；路面中线纵向平均照度值分别为 1 852lx、1 843lx、1 845lx、1 661lx，最小照度值分别为 1 788lx、1 766lx、1 769lx、1 593lx，均匀度分别为 0.97、0.96、0.96、0.96。

两侧对称布灯、两侧交错布灯、中央布灯、中线偏侧布灯所需灯具数量分别为 42、41、41、41，灯具总功率分别为 6 300W、6 150W、6 150W、6150W。

综合比较，四种布灯方式下的照度值和均匀度均满足照明设计要求，且远大于《细则》中的规定值，在均匀度相差不大的情况下，为了缓解进入洞口处黑洞效应，建议取照度值偏大的方案。中央布灯路面平均照度值最大，比其他三种方式的照度值大 70lx 左右，相差较大，入口段 1 选择中央布灯方式。隧道各段采用的布灯方案分析见表 5-18。

表 5-18　隧道布灯方案分析

照明区段	布灯方式	平均值/(cd/m²)	最小值/(cd/m²)	最大值/(cd/m²)	路面照度总均匀度	路面中线照度纵向均匀度	功率/W
入口段 1	中央布灯	165.7	105.0	202.0	0.63	0.96	6 150
入口段 2	中央布灯	111.0	71.6	135.0	0.65	0.96	4 050
过渡段 1	中央布灯	35.4	31.9	38.5	0.90	0.99	2 030
过渡段 2	两侧交错	12.3	10.7	14.4	0.87	0.95	4 690
中间段	两侧交错	6.16	4.53	8.70	0.74	0.74	3 010
出口段 1	中央布灯	19.3	17.2	21.2	0.89	0.99	490
出口段 2	中央布灯	29.0	25.8	31.7	0.89	0.99	770

通过照度数据分析，在亮度差别很小，满足安全行驶的情况下，选择均匀度更高、更加节能的布灯方式；如果亮度差别很大，尤其在出入口，为了缓解黑洞效应、白洞效应，选择亮度更大的布灯方案。布灯方式在隧道各段优先选择的排列如下。

(1) 入口段 1 布灯方式：中央布灯 1m>两侧对称布灯 2m>两侧交错布灯 2m>中线偏侧布灯 1m。

(2) 入口段 2 布灯方式：中央布灯 1.5m>两侧对称布灯 3m>两侧交错布灯 3m>中线偏侧布灯 1.5m。

(3) 过渡段 1 布灯方式：中央布灯 2.5m>两侧交错布灯 5m=两侧对称布灯 5m>中线偏侧布灯 2.5m。

(4) 过渡段 2 布灯方式：两侧交错布灯 14m>中央布灯 7m>中线偏侧布灯 7m>两侧对称布灯 14m。

(5) 中间段布灯方式：两侧交错布灯 25.5m>中央布灯 13m>中线偏

侧布灯 13m>两侧对称布灯 25.5m。

(6) 出口段 1 布灯方式：中央布灯 4.5m>两侧对称布灯 9m>两侧交错布灯 9m>中线偏侧布灯 4.5m。

(7) 出口段 2 布灯方式：中央布灯 3.0m>两侧对称布灯 6m>两侧交错布灯 6m>中线偏侧布灯 3m。

布灯方式后的数值为此布灯方式布灯间距，从每段的布灯方式排序中发现，中线偏侧布灯方式照明质量、耗能最差。布灯间距小于等于 9m 时优先选择两侧对称布灯和中央布灯方式；布灯间距大于 9m 小于 14m 时，两侧交错布灯优于两侧对称布灯；布灯间距大于 14m 时，优先选择两侧交错布灯和中央布灯方式。

第六章　高速公路隧道照明灯具参数优化

6.1　隧道照明灯具选择及灯具组合方案

6.1.1　隧道照明灯具选择

根据第五章的研究，入口段 1、入口段 2、过渡段 1、出口段 1、出口段 2 采用中央布灯方式，过渡段 2、中间段采用两侧交错布灯方式，以 1 000m 的隧道模型为实验基础，分别选用 LED 灯、高压钠灯、无极灯进行组合仿真隧道路面照度。

入口段 1、入口段 2 选用型号为 PAK492 104PAK-M04-150K-AD-LJ、功率为 150W 的高压钠灯，型号为 ZQ616D-LED150HT-5 700 M1/220、功率为 150W 的 LED 灯和型号为 DMVIG2A165GP、功率为 152 W 的无极灯，灯具参数见表 6-1。

表 6-1　灯具参数一

灯具参数	灯具类型		
	LED 灯	高压钠灯	无极灯
光源功率/W	150	150	152
光通量/lm	15 000	13 500	12 000
发光效率/(lm/W)	100	67	71
色温/K	5 700	4 000	3 000
尺寸	49.1cm×28.0cm×15.5cm	45.9cm×32.5cm×14.5cm	高 19.5cm，直径 20.4cm

过渡段 1、过渡段 2、中间段、出口段 1、出口段 2 采用 NORKA 系列，型号为 TALON M2-9 760lm、PMMA CLEAR750/5 000K、

EXTREME WIDE BEAM 70W 的 LED 灯，型号为 PAK492101 PAK-M04-070K-AD-LJ 70W 的三雄极光高压钠灯，DMVIG2A085GDE 74W 系列无极灯，灯具参数见表 6-2 所示。

表 6-2　灯具参数二

灯具参数	灯具类型		
	LED 灯	高压钠灯	无极灯
光源功率/W	70	70	74
光通量/lm	8 920	6 100	6 000
发光效率/(lm/W)	127	66	72
色温/K	5 000	4 000	3 000
尺寸	57cm×28.5cm×7.3cm	45.9cm×32.5cm×14.5cm	高 19.8cm，直径 20.4cm

6.1.2　隧道照明混合灯具组合方案的提出

以往隧道照明研究更多地注意隧道灯具参数的优化和照明设备的开发，对隧道灯具本身实用照明研究较少。研究表明，合理的设计方案、新型灯具的选择和智能化的控制方式均有助于隧道照明质量的提升，以此根据新型灯具参数不同，提出不同灯具组合方案。

隧道照明质量与灯具的选择关系密切，选择合适的灯源既可保证行车安全又可节约能耗，应选择发光效率高、透雾性能好、使用寿命长、防护等级不低于 IP65、具备防眩装置等特点的灯具。我国隧道灯具种类繁多，应用最多的为高压钠灯、荧光灯。新型 LED 灯、无极灯的兴起，为隧道照明提供了新选择，绿色光源 LED、无极灯具有优异的调光性能，可进行无极调光，同时无极灯还具有透雾性等特点，应优先考虑。隧道属于高耗能场所，对高效节能光源需求更是迫切，长寿命、低光衰、高显色性、无频闪、可以进行无极调光、少维修或免维修的 LED 灯、无极灯是隧道照明首选。目前隧道一般选择单一灯具照明，混合灯具组合形式在隧道中的应用较少，新型灯具涉及更少，本书以灯具参数为约束条件，选择高压钠灯、无极灯和LED灯进行灯具混合组合，分别对其照明效果进行分析。

(1) LED灯和高压钠灯组合。LED灯属于新型灯具，而高压钠灯具有良好的透雾性，两者光通量、功率、色温、光谱等各种性能参数相差不大，可以良好结合。

(2) LED灯和无极灯组合。LED灯和无极灯混合组合时，可以使用优异的调光功能，同时这两款灯具使用寿命长、实际发光效率高、显色指数高、光线柔和，在降低照明水平时，不影响路面照度均匀度，而且可以连续变化，符合视觉生理特性。此外，无极灯红光和黄光波长较长，透雾性好，适合雨雾天气照明，高亮度、高质量的组合为隧道照明提供了参考。

(3) 高压钠灯和无极灯组合。高压钠灯和无极灯都具有良好的透雾性，选择功率相同，光通量、发光效率、色温值相差不大的灯具进行组合，不仅可减小雾霾天气对隧道行车能见度的影响，而且可减少能耗。

(4) LED灯、高压钠灯、无极灯自身组合。将上述三种混合灯具组合与单一灯具作对比，研究混合灯具与单一灯具在隧道道路照明质量、路面照度均匀度、行车舒适性、能耗、应用前景方面差异，选择最适合方案进行隧道照明布置。

6.2 隧道混合灯具组合照明仿真

6.2.1 入口段1、入口段2混合灯具照明效果仿真

1. 入口段1混合灯具照明效果仿真

选用型号为PAK492 104PAK-M04-150 K-AD-LJ、功率为150W的高压钠灯，型号为ZQ616D-LED150HT-5 700M1/220、功率为150W的LED灯和型号为DMVIG2A165GP、功率为152W的无极灯，进行3种灯具单独导入照明软件和3种灯具交叉混合导入照明软件中模拟照明情况的研究，均采用中央布灯方式，安装高度5.6m，计算布灯间距计算0.8m。分别模拟高压钠灯、LED灯、无极灯、高压钠灯+LED灯、高压钠灯+无

极灯、LED 灯+无极灯 6 种灯具组合形式下隧道道路照度，进而选出入口段 1 合适照明方案。混合灯具组合 3D 效果如图 6-1 所示。

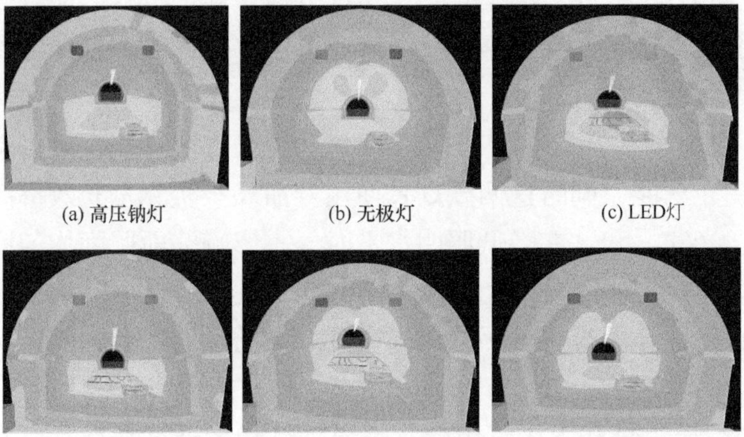

(a) 高压钠灯　(b) 无极灯　(c) LED灯

(d) LED灯+高压钠灯　(e) LED灯+无极灯　(f) 高压钠灯+无极灯

图 6-1　混合灯具组合 3D 效果图

经过 6 次仿真模拟，可以得出计算区域的仿真照度值，见表 6-3～表 6-8，入口段 1 灯具组合照度均匀度值见表 6-9。

表 6-3　入口段 1 高压钠灯仿真照度值　　(单位：lx)

纵向坐标/m	横向坐标/m						
	−4.234	−2.823	−1.411	0.000	1.411	2.823	4.234
2.496	1 153	1 164	1 168	1 173	1 173	1 175	1 175
1.664	1 268	1 275	1 280	1 285	1 286	1 285	1 287
0.832	1 336	1 345	1 348	1 352	1 353	1 355	1 354
0.000	1 320	1 329	1 331	1 338	1 335	1 336	1 337
−0.832	1 324	1 347	1 351	1 357	1 357	1 359	1 358
−1.664	1 278	1 246	1 289	1 294	1 294	1 296	1 293
−2.496	1 169	1 177	1 182	1 183	1 186	1 188	1 189

表 6-4　入口段 1 无极灯仿真照度值　　(单位：lx)

纵向坐标/m	横向坐标/m						
	−4.234	−2.823	−1.411	0.000	1.411	2.823	4.234
2.496	920	939	961	978	985	997	999
1.664	969	997	1 016	1 031	1 041	1 048	1 053

续表

纵向坐标/m	横向坐标/m						
	-4.234	-2.823	-1.411	0.000	1.411	2.823	4.234
0.832	1 003	1 026	1 045	1 060	1 072	1 081	1 084
0.000	1 012	1 039	1 058	1 075	1 075	1 091	1 093
-0.832	1 004	1 024	1 049	1 061	1 064	1 081	1 083
-1.664	967	998	1 015	1 026	1 038	1 042	1 050
-2.496	913	934	956	969	977	987	995

表 6-5　入口段 1 LED 灯仿真照度值　(单位：lx)

纵向坐标/m	横向坐标/m						
	-4.234	-2.823	-1.411	0.000	1.411	2.823	4.234
2.496	1 314	1 351	1 372	1 390	1 397	1 403	1 405
1.664	1 668	1 711	1 738	1 755	1 766	1 770	1 776
0.832	1 984	2 020	2 051	2 073	2 086	2 090	2 093
0.000	2 208	2 267	2 302	2 325	2 337	2 347	2 353
-0.832	2 375	2 433	2 471	2 496	2 508	2 519	2 524
-1.664	2 320	2 378	2 417	2 437	2 453	2 464	2 466
-2.496	2 032	2 074	2 110	2 132	2 147	2 156	2 167

表 6-6　入口段 1 LED 灯+高压钠灯仿真照度值　(单位：lx)

纵向坐标/m	横向坐标/m						
	-4.234	-2.823	-1.411	0.000	1.411	2.823	4.234
2.496	1 228	1 252	1 266	1 278	1 281	1 287	1 291
1.664	1 464	1 488	1 505	1 515	1 522	1 526	1 532
0.832	1 642	1 674	1 695	1 708	1 715	1 720	1 730
0.000	1 756	1 792	1 812	1 872	1 833	1 839	1 843
-0.832	1 849	1 883	1 907	1 923	1 931	1 937	1 940
-1.664	1 791	1 833	1 848	1 861	1 869	1 878	1 879
-2.496	1 593	1 620	1 642	1 654	1 663	1 670	1 675

表 6-7　入口段 1 LED 灯+无极灯仿真照度值　　(单位：lx)

纵向坐标/m	横向坐标/m						
	−4.234	−2.823	−1.411	0.000	1.411	2.823	4.234
2.496	1 058	1 091	1 107	1 125	1 128	1 137	1 142
1.664	1 258	1 292	1 316	1 333	1 342	1 345	1 352
0.832	1 420	1 455	1 483	1 501	1 513	1 518	1 523
0.000	1 541	1 590	1 615	1 633	1 640	1 652	1 655
−0.832	1 622	1 664	1 694	1 715	1 723	1 736	1 737
−1.664	1 580	1 623	1 653	1 670	1 681	1 695	1 693
−2.496	1 411	1 446	1 472	1 491	1 506	1 510	1 517

表 6-8　入口段 1 高压钠灯+无极灯仿真照度值　　(单位：lx)

纵向坐标/m	横向坐标/m						
	−4.234	−2.823	−1.411	0.000	1.411	2.823	4.234
2.496	980	999	1 006	1 019	1 017	1 023	1 025
1.664	1 059	1 076	1 089	1 100	1 104	1 102	1 106
0.832	1 111	1 123	1 134	1 143	1 149	1 151	1 151
0.000	1 044	1 124	1 132	1 140	1 141	1 146	1 150
−0.832	1 113	1 126	1 137	1 147	1 148	1 158	1 154
−1.664	1 066	1 081	1 090	1 102	1 105	1 110	1 106
−2.496	986	999	1 010	1 019	1 027	1 026	1 030

表 6-9　入口段 1 灯具组合照度均匀度值

灯具组合	均匀度分类	平均照度值/lx	最小照度值/lx	均匀度	《细则》要求值
高压钠灯	路面照度总均匀度	1 279	1 153	0.90	0.3～0.4
	路面中线照度纵向均匀度	1 332	1 320	0.99	0.5～0.6

续表

灯具组合	均匀度分类	平均照度值/lx	最小照度值/lx	均匀度	《细则》要求值
无极灯	路面照度总均匀度	1 020	913	0.90	0.3～0.4
	路面中线照度纵向均匀度	1 063	1 012	0.95	0.5～0.6
LED 灯	路面照度总均匀度	2 070	1 314	0.63	0.3～0.4
	路面中线照度纵向均匀度	2 306	2 208	0.96	0.5～0.6
LED 灯+高压钠灯	路面照度总均匀度	1 671	1 228	0.73	0.3～0.4
	路面中线照度纵向均匀度	1 815	1 756	0.97	0.5～0.6
LED 灯+无极灯	路面照度总均匀度	1 482	1 058	0.71	0.3～0.4
	路面中线照度纵向均匀度	1 618	1 541	0.95	0.5～0.6
高压钠灯+无极灯	路面照度总均匀度	1 089	980	0.90	0.3～0.4
	路面中线照度纵向均匀度	1 134	1 104	0.97	0.5～0.6

通过表 6-3～表 6-9 可看出，6 种灯具的照度值均满足入口段 1 所需照度值，均匀度均大于 0.6，满足《细则》要求，布灯间距 0.8 m 时灯具平均照度值排列为

LED 灯>LED 灯+高压钠灯>LED 灯+无极灯>高压钠灯>高压钠灯+无极灯>无极灯

高压钠灯透雾性强；LED 灯节能显著，但是透雾性能不强；无极灯节能性好且节能，建议安装既能满足光照亮度又具有透雾性的灯具。因此，可优先考虑 LED 灯+高压钠灯和 LED 灯+无极灯这两种灯具组合方案。

进一步从经济效益角度考虑分析计算其照明费用。组合灯具分析时需要对各种照明硬件系统和相应的智能化控制等软件进行分析。隧道照明费用一般包括灯具费用、用电费用、维护费用、电缆费用和备用电源费用。只考虑灯具费用、用电费用和维护费用，见公式(6-1)所示：

$$P_t = P_L + P_e + P_m \tag{6-1}$$

式中，P_t为照明总费用；P_L 为灯具费用(包括安装费用)；P_e 为照明用电费用；P_m 为灯具维修费用。

安装费用方面，高压钠灯为 600 元、LED 灯为 3 000 元、无极灯为 2 500 元，国家补贴指标 LED 灯为 1 000 元、无极灯 500 元、高压钠灯无补贴，则灯具费用高压钠灯为 600 元、LED 灯和无极灯为 2 000 元。通过调查数据，一般高压钠灯一年维护两次，每次维护的人工费和材料费需要 105 元/套；而 LED 灯每年维护一次，每次维护的人工费用和材料费用需要 140 元/套。基本照明灯具按每天使用 20h 考虑，加强照明灯具按每天使用 10 h 考虑，灯具费用、照明用电费分别用见表 6-10、表 6-11。

1) 灯具费用 P_L 计算

表 6-10　入口段 1 灯具费用

灯具种类	规格/W	数量	单价/元	一套安装费/元	灯具费/万元	安装费/万元	P_L/万元
LED 灯	150	41	3 000	2 000	12.3	8.2	20.5
高压钠灯	150	41	1 200	600	4.92	2.46	7.38
无极灯	152	41	2 500	2 000	10.25	8.2	18.45
LED 灯+高压钠灯	150+150	21+20	3 000+1 200	2 000+600	8.7	5.4	14.1
LED 灯+无极灯	150+152	21+20	3 000+2 500	2 000	11.3	8.2	19.5

从表 6-10 可看出，灯具费用主要取决于灯具单价费用，购置 LED 灯和无极灯比高压钠灯贵，高压钠灯没有政府补贴，LED 灯和无极灯均有国家补贴，但从灯具费用来看，高压钠灯和 LED 灯具的组合比 LED 灯和无极灯的组合投资少。

2) 照明用电费用 P_e 计算

表 6-11　入口段 1 照明用电费用

布灯方案	每天耗电量/(kW·h)	1 年电费/万元	5.5 年电费/万元	13.5 年电费/万元	16 年电费/万元	25 年电费/万元
LED 灯+高压钠灯	61.5	1.908	10.494	25.758	30.528	47.700
LED 灯+无极灯	61.5	1.908	10.494	25.758	30.528	47.700

3) 灯具维修费用 P_m 计算

灯具维修费用包括灯具费用和人工费用。无极灯平均寿命为 60 000h，光衰小，2 000h 光通量维持率达 95%，20 000h 达 80%，60 000h 达 75%。而高压钠灯平均寿命为 12 000～24 000h，使用 5 000h 即下降 30%以上，需不断换灯才可保持原设计照度。LED 灯平均寿命为 50 000h，30 000h 光通量下降小于 8%。按 50 000h 计算，隧道加强段照明按每天使用 10h 考虑，则 LED 平灯均使用年限为 13.5a，在 100 000h 内 LED 灯需要更换 1 次。无极灯的平均寿命一般也可达到 60 000h 以上，按 60 000h 计算，则无极灯的平均使用年限也是 16.3a，高压钠灯按 20 000h 计算，平均使用年限为 5.5a。

高压钠灯寿命是 5.5a，到 13.5a 需要更换 2 次，全部 20 套更换 2 次成本为 72 000 元，此时无极灯还不用更换。到了第 16 年，高压钠灯则需再次更换，灯具费用加上安装费用则达到了 108 000 元。此时 LED 灯需更换，更换灯具费用为 105 000 元。此时无极灯不需要更换，LED 灯费用为 105 000 元。到了第 25 年，灯具费用高压钠灯达到了 144 000 元，LED 灯为 105 000 元，无极灯为 90 000 元，入口段 1 灯具总费用计算如表 6-12 所示。

表 6-12　入口段 1 灯具总费用

费用项目	布灯方案	
	LED 灯+高压钠灯	LED 灯+无极灯
每年维修次数	1+2	1+0
人工费+材料费/元	140+105	140+0
1a 维修费用/元	7 140	2 940
5.5a 维修费用/元	39 270	16 170
13a 更换灯具费用/元	72 000	0
13.5a 维修费用/元	96 390	39 690
13.5a 总支出(维护费+灯具费)/元	309 390	234 690
16a 更换灯具费用/元	213 000	105 000
16a 维修费用/元	114 240	47 040
16a 总支出(维护费+灯具费)/元	468 240	347 040

续表

费用项目	布灯方案	
	LED 灯+高压钠灯	LED 灯+无极灯
25a 更换灯具费用/元	249 000	195 000
25a 维修费用/元	178 500	73 500
25a 总支出(维护费+灯具费)/元	568 500	463 500

由表 6-12 可知，20a 之前 LED 灯+无极灯的组合形式维修和灯具自身费用都比 LED 灯+高压钠灯低，13.5a 两者差 74 700 元，25a 两者差 105 000 元，无极灯可以进行无极调光，调低照度水平时，不影响照明均匀度，并且可连续变化，符合视觉生理特性。

4)照明总费用 P_t 计算

照明总费用包括灯具费用(包括安装费)、照明用电费用、灯具维修费用，照明总费用计算见表 6-13、图 6-2。

表 6-13　入口段 1 照明总费用　　(单位：万元)

布灯方案	1a 照明总费用	5.5a 照明总费用	13.5a 照明总费用	16a 照明总费用	25a 照明总费用
LED 灯+高压钠灯	16.722	28.521	56.697	77.352	104.55
LED 灯+无极灯	21.702	31.611	49.227	65.232	94.05

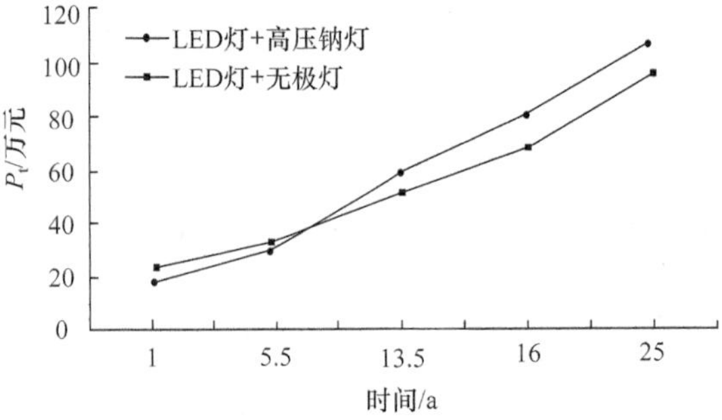

图 6-2　入口段 1 照明总费用

通过两种方案计算，LED 灯+高压钠灯方案初期投资费用 14.1 万元，

LED 灯+无极灯初期投资 19.5 万元，初期投资相差 5 万元左右，但是后期高压钠灯使用寿命相对无极灯较短。无极灯使用寿命大概是高压钠灯的 3 倍，且使用期间基本不需要维修。虽然前 5.5a 的时间 LED 灯+高压钠灯投资少，但两者投资相差不大，从长远来看，LED 灯+无极灯方案更加经济，且投资金额相差越来越大，整体照明总费用 LED 灯+无极灯相对节能并且投资少，更合适，因此选用 LED 灯+无极灯的照明方案。

2. 入口段 2 混合灯具照明效果仿真

入口段 2 采取中央布灯间距为 2m，灯具及其他布灯同入口段 1 一样，模拟 6 种布灯方案下隧道的照度值、路面照度平均值、均匀度，选择适合入口段 2 的布灯情况，混合灯具 3D 布灯效果如图 6-3 所示，计算结果见表 6-14。

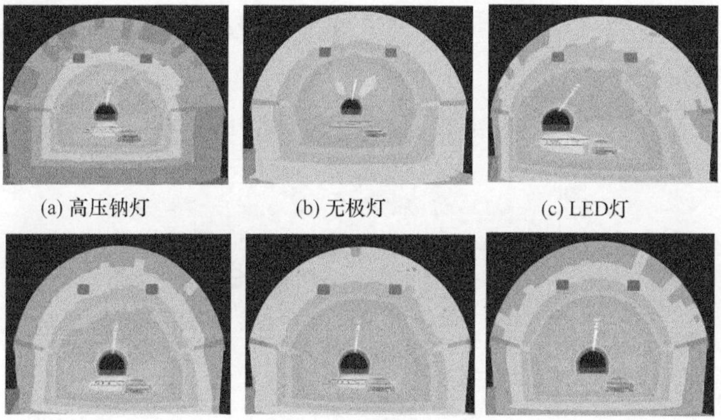

(a) 高压钠灯　(b) 无极灯　(c) LED灯

(d) LED灯+高压钠灯　(e) LED灯+无极灯　(f) 无极灯+高压钠灯

图 6-3　混合灯具组合 3D 效果图

表 6-14　入口段 2 灯具照度值

布灯方案	均匀度分类	平均照度值/lx	最小照度值/lx	均匀度	《细则》要求值
高压钠灯	路面照度总均匀度	515	466	0.90	0.3～0.4
	路面中线照度纵向均匀度	536	534	0.99	0.5～0.6
无极灯	路面照度总均匀度	454	408	0.90	0.3～0.4
	路面中线照度纵向均匀度	473	452	0.96	0.5～0.6
LED 灯	路面照度总均匀度	834	535	0.64	0.3～0.4
	路面中线照度纵向均匀度	928	896	0.97	0.5～0.6

续表

布灯方案	均匀度分类	平均照度值/lx	最小照度值/lx	均匀度	《细则》要求值
LED+高压钠灯	路面照度总均匀度	676	505	0.75	0.3～0.4
	路面中线照度纵向均匀度	734	717	0.98	0.5～0.6
LED灯+无极灯	路面照度总均匀度	601	437	0.73	0.3～0.4
	路面中线照度纵向均匀度	656	636	0.97	0.5～0.6
高压钠灯+无极灯	路面照度总均匀度	461	417	0.90	0.3～0.4
	路面中线照度纵向均匀度	481	470	0.98	0.5～0.6

由表6-11可看出，6种灯具的照度值都满足入口段2所需照度值，均匀度都大于0.6，满足《细则》要求，布灯间距2m时灯具平均照度值排列为

LED灯>LED灯+高压钠灯>LED灯+无极灯>高压钠灯>高压钠灯+无极灯>无极灯

与上述入口段1计算同理，入口段2照明总费用如图6-4所示。

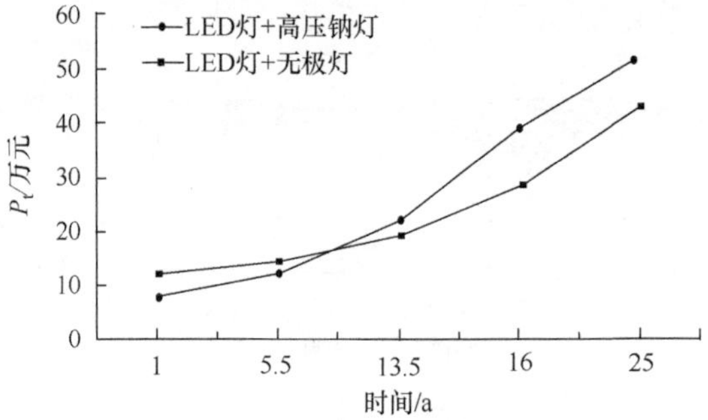

图6-4　入口段2照明费用

由图6-4可以看出，5.5a前LED灯+高压钠灯比LED灯+无极灯投资少，但随着时间的推移，LED灯+无极灯的投资优势逐渐显现出来。LED灯、无极灯属于绿色节能光源，可以进行无极调光控制，从长远考虑，选择LED灯+无极灯。

6.2.2　隧道混合灯具照明效果仿真

1. 过渡段1混合灯具照明效果仿真

过渡段1采用NORKA系列灯具，型号为TALON M2-9 760lm，PMMA

CLEAR，750/5 000K，EXTREME WIDE BEAM 70W 的 LED 灯、型号为 PAK492 101 PAK-M04-070K-AD-LJ 70W 的三雄极光高压钠灯、DMVIG2A085GDE 74W 系列无极灯，研究 3 种灯具单独导入照明软件和 3 种灯具交叉混合导入照明软体中模拟照明情况，均采用中央布灯方式进行，安装高度 5.6m，计算布灯间距 2.5m。分别模拟高压钠灯、无极灯、LED 灯、LED 灯+高压钠灯、LED 灯+无极灯、高压钠灯+无极灯 6 种灯具组合形式下隧道道路照度，进而选出过渡段 1 合适照明方案。混合灯具组合 3D 效果如图 6-5 所示，采集区域照度值见表 6-15。

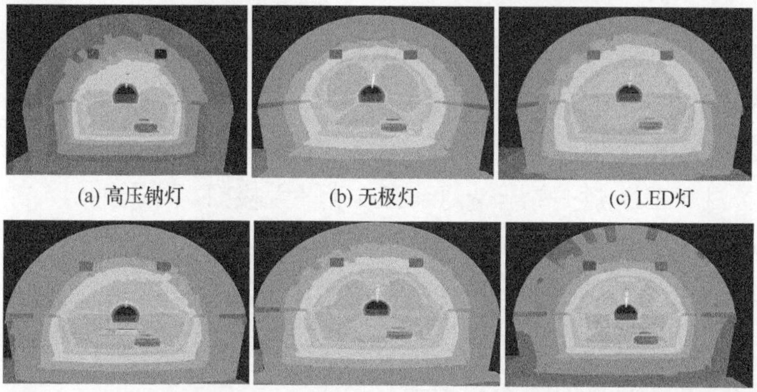

(a) 高压钠灯　(b) 无极灯　(c) LED灯

(d) LED 灯+高压钠灯　(e) LED 灯+无极灯　(f) 高压钠灯+无极灯

图 6-5　混合灯具组合 3D 效果图

表 6-15　过渡段 1 灯具照度值

布灯方案	均匀度分类	平均照度值/lx	最小照度值/lx	均匀度	《细则》要求值
高压钠灯	路面照度总均匀度	189	172	0.91	0.3～0.4
	路面中线照度纵向均匀度	197	196	0.99	0.5～0.6
无极灯	路面照度总均匀度	149	136	0.91	0.3～0.4
	路面中线照度纵向均匀度	154	148	0.96	0.5～0.6
LED 灯	路面照度总均匀度	348	310	0.89	0.3～0.4
	路面中线照度纵向均匀度	378	374	0.99	0.5～0.6
LED 灯+高压钠灯	路面照度总均匀度	269	243	0.90	0.3～0.4
	路面中线照度纵向均匀度	289	287	0.99	0.5～0.6

续表

布灯方案	均匀度分类	平均照度值/lx	最小照度值/lx	均匀度	《细则》要求值
LED 灯+无极灯	路面照度总均匀度	249	224	0.90	0.3～0.4
	路面中线照度纵向均匀度	266	261	0.98	0.5～0.6
高压钠灯+无极灯	路面照度总均匀度	169	152	0.90	0.3～0.4
	路面中线照度纵向均匀度	176	170	0.97	0.5～0.6

从照明软件模拟结果可看出，6 种灯具组合的照度值满足隧道过渡段 1 的需求，且道路路面照度值、平均照度值、均匀度都较优。按道路路面平均照度值排列为

LED 灯>LED 灯+高压钠灯>LED 灯+无极灯>高压钠灯>高压钠灯+无极灯>无极灯

显然，LED 灯路面照度值较大，采用单独 LED 灯的方案可增大布灯间距或者选择功率低一点的 LED 灯。跟上述入口段 1 计算同理，各灯具布置下照明总费用如图 6-6 所示。

由图 6-6 可看出，初期 1a 高压钠灯投资最少，且 5.5a 之前投资也最少，随着时间的推移，LED 灯+无极灯的优势逐渐显现，应选择 LED 灯+无极灯。

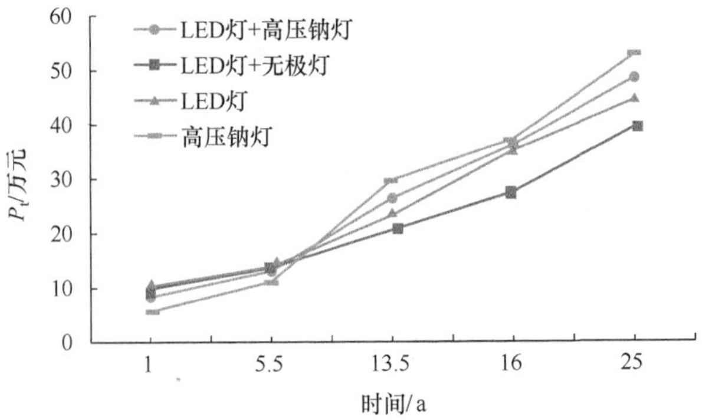

图 6-6　过渡段 1 照明总费用

2. 过渡段 2 混合灯具仿真分析

过渡段 2 与过渡段 1 采用灯具系列相同，将 3 种灯具单独导入照明软件和 3 种灯具交叉混合导入照明软件中模拟照明效果，采用两侧交错方式，安装高度 5.6m，安装仰角 20°，计算布灯间距 14m。分别模拟高压钠灯、无极灯、LED 灯、LED 灯+高压钠灯、LED 灯+无极灯、高压钠灯+无极灯 6 种灯具组合形式下隧道照明照度，进而选出过渡段 2 的照明方案。混合灯具组合的照明 3D 效果如图 6-7 所示，采集区域照度值见表 6-16。

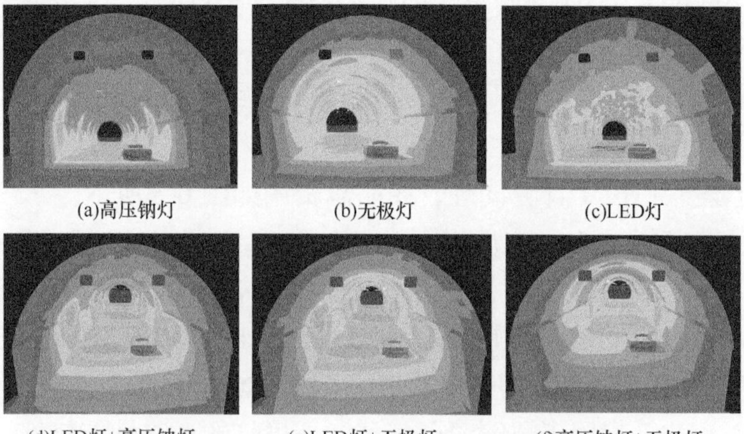
(a)高压钠灯　(b)无极灯　(c)LED灯
(d)LED灯+高压钠灯　(e)LED灯+无极灯　(f)高压钠灯+无极灯

图 6-7　混合灯具组合 3D 效果图

表 6-16　过渡段 2 灯具照度值

布灯方案	均匀度分类	平均照度值/lx	最小照度值/lx	均匀度	《细则》要求值
高压钠灯	路面照度总均匀度	67.1	51.2	0.76	0.3～0.4
	路面中线照度纵向均匀度	72.1	64.7	0.90	0.5～0.6
无极灯	路面照度总均匀度	54.3	49.4	0.91	0.3～0.4
	路面中线照度纵向均匀度	56.4	55.3	0.98	0.5～0.6
LED 灯	路面照度总均匀度	124	103	0.83	0.3～0.4
	路面中线照度纵向均匀度	131	121	0.92	0.5～0.6
LED 灯+高压钠灯	路面照度总均匀度	81.5	61.4	0.75	0.3～0.4
	路面中线照度纵向均匀度	87.1	73.5	0.84	0.5～0.6

续表

布灯方案	均匀度分类	平均照度值/lx	最小照度值/lx	均匀度	《细则》要求值
LED 灯+无极灯	路面照度总均匀度	61.7	51.8	0.84	0.3～0.4
	路面中线照度纵向均匀度	64.2	57.2	0.89	0.5～0.6
高压钠灯+无极灯	路面照度总均匀度	74.3	55.0	0.74	0.3～0.4
	路面中线照度纵向均匀度	79.4	71.3	0.90	0.5～0.6

通过上述分析可看出，6 种灯具的照度值均满足过渡段 2 所需照度值，均匀度都大于 0.6，满足《细则》要求。布灯间距 14 m 时灯具平均照度值排列为

LED 灯>LED 灯+高压钠灯>高压钠灯+无极灯>高压钠>LED 灯+无极灯>无极灯

与上述入口段 1 计算同理，照明总费用如图 6-8 所示。

高压钠灯超过 5.5a 之后投资最大，不予考虑，LED 灯+高压钠灯、高压钠灯+无极灯、LED 灯、LED+无极灯组合在 5a 内投资相差不大，但是随着时间的增长，高压钠灯+无极灯、LED 灯、LED 灯+无极灯的组合投资明显比 LED 灯+高压钠灯组合少，LED 灯+无极灯投资优势渐显，投资最少，并且都属于节能绿色灯具，无极灯的透雾性能极好，为了减少投资费用，过渡段 2 选用 LED 灯+无极灯的组合形式。

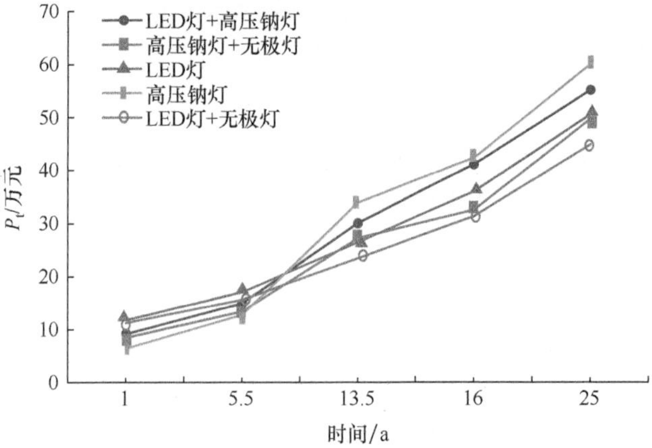

图 6-8 过渡段 2 照明总费用

3. 中间段混合灯具仿真分析

隧道中间段与过渡段 2 采用灯具系列相同，将 3 种灯具单独导入照明软件和 3 种灯具交叉混合导入照明软件中模拟照明效果，均采用两侧交错方式，安装高度 5.6m，安装仰角 20°，计算布灯间距 25m。分别模拟高压钠灯、无极灯、LED 灯、LED 灯+高压钠灯、LED 灯+无极灯、高压钠灯+无极灯 6 种灯具组合形式下隧道道路照度，进而选出中间段的照明方案。混合灯具组合照明 3D 效果如图 6-9 所示，采集区域照度值见表 6-17。

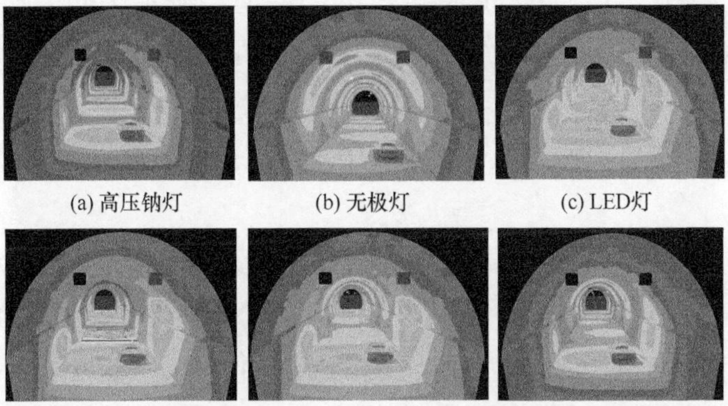

(a) 高压钠灯　(b) 无极灯　(c) LED灯

(d) LED灯+高压钠灯　(e) LED灯+无极灯　(f) 高压钠灯+无极灯

图 6-9　混合灯具组合 3D 效果图

表 6-17　中间段灯具照度值

布灯方案	均匀度分类	平均照度值/lx	最小照度值/lx	均匀度	《细则》要求值
高压钠灯	路面照度总均匀度	43.2	18.7	0.43	0.3～0.4
	路面中线照度纵向均匀度	47.7	22.8	0.50	0.5～0.6
无极灯	路面照度总均匀度	32.1	25.6	0.81	0.3～0.4
	路面中线照度纵向均匀度	33.3	28.6	0.86	0.5～0.6
LED 灯	路面照度总均匀度	74.9	50.2	0.67	0.3～0.4
	路面中线照度纵向均匀度	80.4	58.2	0.72	0.5～0.6
LED 灯+高压钠灯	路面照度总均匀度	47.6	24.6	0.52	0.3～0.4
	路面中线照度纵向均匀度	51.7	32.0	0.62	0.5～0.6

续表

布灯方案	均匀度分类	平均照度值/lx	最小照度值/lx	均匀度	《细则》要求值
LED 灯+无极灯	路面照度总均匀度	33.9	27.0	0.80	0.3～0.4
	路面中线照度纵向均匀度	35.3	30.6	0.87	0.5～0.6
高压钠灯+无极灯	路面照度总均匀度	29.5	21.3	0.72	0.3～0.4
	路面中线照度纵向均匀度	30.6	24.6	0.80	0.5～0.6

通过上述分析可看出，6 种灯具的照度值均满足中间段所需照度值，均匀度都大于 0.6，满足《细则》要求，布灯间距 25m 时灯具平均照度值排列为

LED 灯>LED 灯+高压钠灯>高压钠>LED 灯+无极灯>无极灯>高压钠灯+无极灯

灯具维修费用包括灯具费用和人工费。无极灯平均寿命为 60 000h，光衰小，2 000h 光通量维持率达 95%，20 000h 达 80%，60 000h 达 75%。而高压钠灯平均寿命为 12 000～24 000h，使用 5 000h 即下降 30%以上，需不断换灯才可保持原设计照度。LED 灯平均寿命为 50 000h，30 000h 光通量下降小于 8%。按 50 000h 计算，隧道基本段照明按每天使用 20h 考虑，则 LED 灯的平均使用年限为 6.5a。无极灯的平均寿命一般也可达到 60 000h 以上。按 60 000h 计算，则无极灯的平均使用年限也是 8a。高压钠灯按 20 000h 计算，则平均使用年限也是 3a。跟上述入口段 1 计算同理，照明总费用如图 6-10 所示。

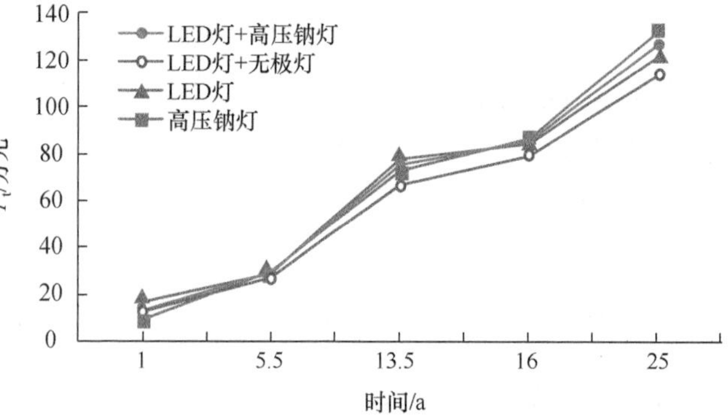

图 6-10　中间段照明总费用

优先考虑前 4 种，高压钠灯 1a 照明费用最少，从 5.5 开始高压钠灯几乎投资最多，LED 灯+无极灯在剩下 3 种布灯中投资从 1a 开始到 25a 都是最少的，因此，中间段选择 LED 灯+无极灯的交错布灯方式。

4. 出口段 1 混合灯具仿真分析

出口段 1 与中间段采用灯具系列相同，将 3 种灯具单独导入照明软件和 3 种灯具交叉混合导入照明软件中模拟照明情况，采用中央布灯方式，安装高度 5.6m，计算布灯间距计算 4.5m。分别模拟高压钠灯、无极灯、LED 灯、LED 灯+高压钠灯、LED 灯+无极灯、高压钠灯+无极灯 6 种灯具组合形式下隧道道路照度，进而选出过渡段 1 照明方案。混合灯具组合 3D 效果图如图 6-11 所示，采集区域照度值见表 6-18。

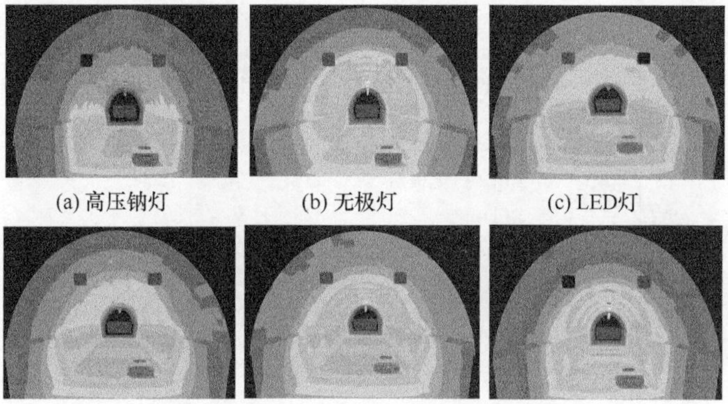

(a) 高压钠灯　(b) 无极灯　(c) LED灯

(d) LED灯+高压钠灯　(e) LED灯+无极灯　(f) 高压钠灯+无极灯

图 6-11　混合灯具组合 3D 效果图

表 6-18　出口段 1 灯具照度值

布灯方案	均匀度分类	平均照度值/lx	最小照度值/lx	均匀度	《细则》要求值
高压钠灯	路面照度总均匀度	105	95.2	0.91	0.3～0.4
	路面中线照度纵向均匀度	109.3	108	0.99	0.5～0.6
无极灯	路面照度总均匀度	81.5	75.9	0.93	0.3～0.4
	路面中线照度纵向均匀度	84.7	83.3	0.98	0.5～0.6
LED 灯	路面照度总均匀度	193	173	0.90	0.3～0.4
	路面中线照度纵向均匀度	209	207	0.99	0.5～0.6
LED 灯+高压钠灯	路面照度总均匀度	150	134	0.89	0.3～0.4
	路面中线照度纵向均匀度	160	159	0.99	0.5～0.6

续表

布灯方案	均匀度分类	平均照度值/lx	最小照度值/lx	均匀度	《细则》要求值
LED 灯+无极灯	路面照度总均匀度	139	119	0.86	0.3～0.4
	路面中线照度纵向均匀度	149	138	0.93	0.5～0.6
高压钠灯+无极灯	路面照度总均匀度	94.4	74.4	0.79	0.3～0.4
	路面中线照度纵向均匀度	98.2	81.5	0.83	0.5～0.6

通过上述分析可看出，6 种灯具的照度值均满足出口段 1 所需照度值，均匀度都大于 0.6，满足《细则》要求。布灯间距 4.5m 时灯具平均照度值排列为

LED 灯>LED+高压钠灯>LED 灯+无极灯>高压钠灯>高压钠灯+无极灯>无极灯

跟上述入口段 1 计算同理，出口段 1 照明总费用如图 6-12 所示。

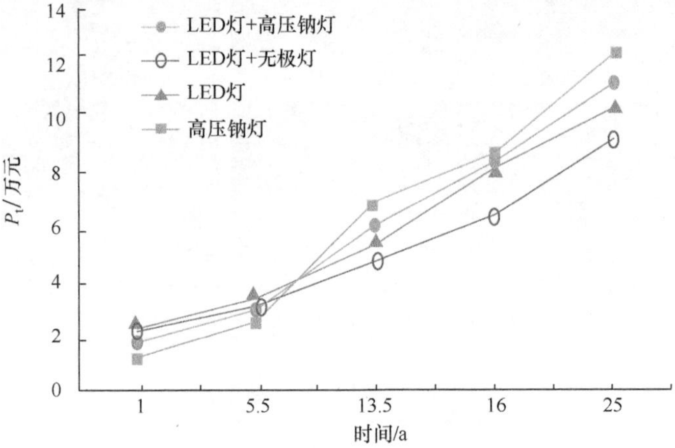

图 6-12　出口段 1 照明总费用

由表 6-18 可看出，初期 1a 高压钠灯投资最少，5.5a 之前投资也是最少，随着时间的推移，LED 灯+无极灯的优势逐渐显现，从长远考虑，选择 LED 灯+无极灯。

5. 出口段 2 混合灯具照明效果仿真

出口段 2 与出口段 1 采用灯具系列相同，将 3 种灯具单独导入照明软件和 3 种灯具交叉混合导入照明软件中模拟照明效果，采用中央布灯

方式，安装高度 5.6m，计算布灯间距 2.5m。分别模拟高压钠灯、无极灯、LED 灯、LED 灯+高压钠灯、LED 灯+无极灯、高压钠灯+无极灯 6 种灯具混合组合形式下隧道道路照度，选出过渡段 1 合适的照明方案。混合灯具组合 3D 效果图如图 6-13 所示，采集区域照度值见表 6-19。

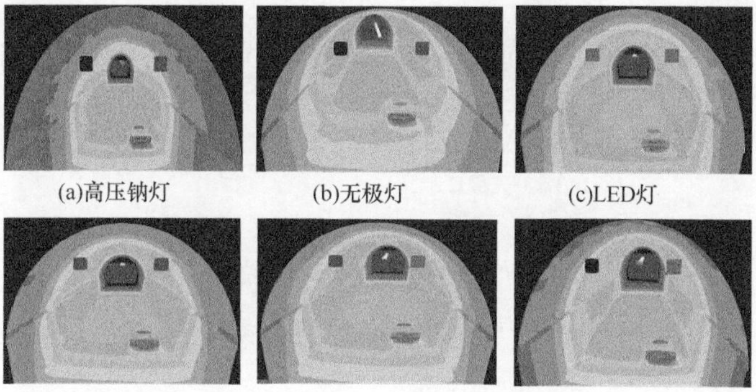

(a)高压钠灯　(b)无极灯　(c)LED灯

(d)LED灯+高压钠灯　(e)LED灯+无极灯　(f)高压钠灯+无极灯

图 6-13　混合灯具组合 3D 效果图

表 6-19　出口段 2 灯具照度值

布灯方案	均匀度分类	平均照度值/lx	最小照度值/lx	均匀度	《细则》要求值
高压钠灯	路面照度总均匀度	188	170	0.90	0.3～0.4
	路面中线照度纵向均匀度	196	194	0.99	0.5～0.6
无极灯	路面照度总均匀度	145	132	0.91	0.3～0.4
	路面中线照度纵向均匀度	151	145	0.96	0.5～0.6
LED 灯	路面照度总均匀度	346	305	0.88	0.3～0.4
	路面中线照度纵向均匀度	375	369	0.98	0.5～0.6
LED 灯+高压钠灯	路面照度总均匀度	268	241	0.90	0.3～0.4
	路面中线照度纵向均匀度	286	285	0.99	0.5～0.6
LED+无极灯	路面照度总均匀度	245	220	0.90	0.3～0.4
	路面中线照度纵向均匀度	263	258	0.98	0.5～0.6
高压钠灯+无极灯	路面照度总均匀度	166	150	0.90	0.3～0.4
	路面中线照度纵向均匀度	173	167	0.97	0.5～0.6

通过上述分析可看出，6 种灯具的照度值均满足出口段 2 所需照度值，均匀度都大于 0.6，满足《细则》要求。布灯间距 2.5m 时灯具平均照度值排列为

LED 灯>LED 灯+高压钠灯>LED 灯+无极灯>高压钠灯>高压钠灯+无极灯>无极灯

跟上述入口段 1 计算同理，出口段 2 照明总费用如图 6-14 所示。

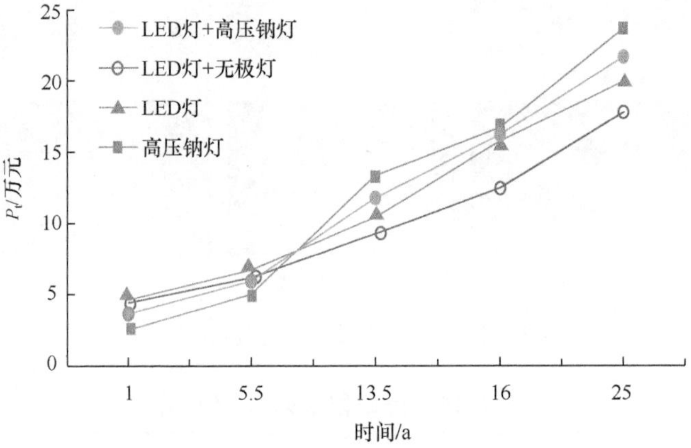

图 6-14　出口段 2 照明总费用

由图 6-14 可以看出，初期 1a 高压钠灯投资最少，并且 5.5a 之前投资最少，随着时间的推移，LED 灯+无极灯的优势逐渐显现，LED 灯节能效果显著，无极灯透雾性能好，适合雨雾天气，两者交叉照明符合隧道照明质量标准。从长远考虑，选择 LED 灯+无极灯。

综上模拟仿真结果显示，入口段 1、入口段 2、过渡段 1、出口段 1、出口段 2 采用 LED 灯+无极灯进行中央布灯方式，过渡段 2、中间段采用采用 LED 灯+无极灯进行两侧交错布灯方式。

第七章　洞外亮度-车流量-车速耦合条件下隧道照明模糊控制

本章研究隧道洞外亮度、车流量、车速三个参数与隧道洞内亮度的关系，构建隧道照明控制系统框架，提出基于模糊控制的隧道照明系统控制智能算法，以洞外亮度、车流量、车速为参数进行隧道照明模糊控制设计。

7.1　隧道洞外亮度、车流量、车速对洞内亮度影响分析

从《细则》中可知，入口段的照明亮度与折减系数 K 有关，过渡段的照明亮度与入口段成比例关系，折减系数 K 与车流量 N 和车速 V 有关，K 随 N 和 V 的变化而变化，洞外亮度 L_{20} 与天气变化有关。洞外亮度、车流量、车速不同使隧道各照明段的亮度值不同，折减系数取值见表 7-1，根据洞外亮度变化，可计算出相应的照度值。

表 7-1　入口段照明亮度折减系数 K

设计车流量 N/[veh/(h·ln)] (单向交通)	设计车速 V/(km/h)								
	120	120～100	100	100～80	80	80～60	60	40～60	20～40
⩾1200	0.070	K_1	0.045	K_2	0.035	K_3	0.022	K_4	0.012
350<N<1200	K_5	K_6	K_7	K_8	K_9	K_{10}	K_{11}	K_{12}	K_{13}
⩽350	0.050	K_{14}	0.035	K_{15}	0.025	K_{16}	0.015	K_{17}	0.010

根据计算可得 K 值：

$K_1=(0.025V-1.6)/20$，$K_2=(0.01V-0.1)/20$，$K_3=(0.013V-0.34)/20$，$K_4=(0.01V-0.16)/20$，$K_5=(0.02N+35.5)/850$，$K_6=(9.25V+0.01NV-0.8N-400)/17\,000$，$K_7=(0.01N+26.25)/850$，$K_8=(8.5V+0.2N-325)/17\ 000$，$K_9=(0.01N+17.75)/$

850，K_{10}=(7.45V+0.003NV−0.04N−241)/17 000，K_{11}=(0.007N+10.3)/850，K_{12}=(2.5V+0.005NV−0.16N+56)/17 000，K_{13}=(0.002N+7.8)/850，K_{14}=(0.015N−0.8)/20，K_{15}=(0.01V−0.3)/20，K_{16}=(0.01V−0.3)/20，K_{17}=(0.005V)/20

设计车速为 80km/h，车速范围选择 20km/h≤V≤80 km/h，K_9与N有关，如N分别取 351veh/(h·ln)、750veh/(h·ln)、1 200veh/(h·ln)时对应K_9为 0.025、0.03、0.035。当洞外亮度取 4 000cd/m^{2}时，对应的洞内亮度值为 100cd/m^2、120cd/m^2、140cd/m^2；洞外亮度取 3 000cd/m^{2}时，对应的洞内亮度为 75cd/m^2、90cd/m^2、105cd/m^2；洞外亮度取 2 000cd/m^{2}时，对应的洞内亮度分别为 50cd/m^2、60cd/m^2、70cd/m^2；洞外亮度取 1 000cd/m^{2}时，对应的洞内亮度分别为 25cd/m^2、30cd/m^2、35cd/m^2；洞外亮度取 500cd/m^{2}时，对应的洞内亮度分别为 12.5cd/m^2、15cd/m^2、17.5cd/m^2。K_3、K_4、K_{10}、K_{11}、K_{12}、K_{13}、K_{16}、K_{17}同上述算法，分析可得车速、车流量、洞外亮度与洞内亮度的关系，见表 7-2。

表 7-2 车速、车流量、洞外亮度与洞内亮度关系

车速/(km/h)	车流量/[veh/(h·ln)]	洞外亮度/(cd/m^2)	洞内亮度/(cd/m^2)
40≤V<70	N≤350	500≤L_{20}<1 000	8
40≤V<50	350≤N<1 200	500≤L_{20}<1 000	8
20≤V<40	N>0	500≤L_{20}<1 000	8
20<V	N<350	L_{20}<500	8
60<V<70	350<N≤750	500≤L_{20}<1 000	10
60	N>0	500≤L_{20}<1 000	10
70≤V<80	N≤350	500≤L_{20}<1 000	10
50≤V<60	750≤N	500≤L_{20}<1 000	10
20≤V<40	N<750	1 000≤L_{20}<2 000	10
20<V	350≤N<1 200	L_{20}<500	10
80≤V	350≤N<750	500≤L_{20}<1 000	15
60≤V<70	1 200≤N	500≤L_{20}<1 000	15
70≤V<80	750≤N<1 200	500≤L_{20}<1 000	15
50≤V<60	N≤750	1 000≤L_{20}<2 000	15
40≤V<50	750≤N	1 000≤L_{20}<2 000	15
20≤V<40	1 200≤N	1 000≤L_{20}<2 000	15
20<V	1 200≤N	L_{20}<500	15
60≤V<70	N>0	1 000≤L_{20}<2 000	20

续表

车速/(km/h)	车流量/[veh/(h·ln)]	洞外亮度/(cd/m²)	洞内亮度/(cd/m²)
70≤V≤80	750≤N	500≤L_{20}<1 000	20
70≤V<80	N≤350	1000≤L_{20}<2 000	20
50≤V<60	350≤N	1 000≤L_{20}<2 000	20
40≤V<50	350≤N<750	2 000≤L_{20}<3 000	20
20≤V<40	N≤750	2 000≤L_{20}<3 000	20
80≤V	N≤750	1 000≤L_{20}<2 000	25
60≤V<70	1 200≤N	1 000≤L_{20}<2 000	25
70≤V<80	N<1 200	1 000≤L_{20}<2 000	25
40≤V<50	750≤N<1 200	2 000≤L_{20}<3 000	25
20≤V<40	1 200≤N	2 000≤L_{20}<3 000	25
80≤V	750≤N<1 200	1 000≤L_{20}<2 000	30
70≤V<80	1 200≤N	1 000≤L_{20}<2 000	30
60	N<750	2 000≤L_{20}<3 000	30
40≤V<50	750≤N	3 000≤L_{20}<4 000	30
40≤V<50	1 200≤N	2 000≤L_{20}<3 000	30
50≤V<60	N>0	2 000≤L_{20}<3 000	30
20≤V<40	N≤750	3 000≤L_{20}<4 000	30
80≤V	1 200≤N	1 000≤L_{20}<2 000	40
60<V<70	350≤N<750	2 000≤L_{20}<3 000	40
60	350≤N<1 200	2000≤L_{20}<3 000	40
70≤V<80	N≤350	2 000≤L_{20}<3 000	40
40<V<50	350≤N<750	4 000≤L_{20}	40
40≤V<50	1 200≤N	3 000≤L_{20}<4 000	40
20≤V<40	N<750	4 000≤L_{20}	40
20≤V<40	1 200≤N	3 000≤L_{20}<4 000	40
80≤V	350≤N<750	2 000≤L_{20}<3 000	50
60<V<70	N<750	3 000≤L_{20}<4 000	50
70≤V<80	350≤N<750	2 000≤L_{20}<3 000	50
60≤V<70	1 200≤N	2 000≤L_{20}<3 000	50
50≤V<60	N<750	4 000≤L_{20}	50
50≤V<60	750≤N	3 000≤L_{20}<4 000	50
40≤V<50	750≤N	4 000≤L_{20}	50

续表

车速/(km/h)	车流量/[veh/(h·ln)]	洞外亮度/(cd/m^2)	洞内亮度/(cd/m^2)
$20<V<40$	$1\,200 \leqslant N$	$4\,000 \leqslant L_{20}$	50
$60<V<70$	$N \leqslant 350$	$4\,000 \leqslant L_{20}$	60
$60<V<80$	$350 \leqslant N<750$	$3\,000 \leqslant L_{20}<4\,000$	60
$70 \leqslant V<80$	$750 \leqslant N<1\,200$	$2\,000 \leqslant L_{20}<3\,000$	60
60	$N<750$	$4\,000 \leqslant L_{20}$	60
$50 \leqslant V<60$	$350 \leqslant N<750$	$4\,000 \leqslant L_{20}$	60
$70 \leqslant V<80$	$1\,200 \leqslant N$	$2\,000 \leqslant L_{20}<3\,000$	60
$80 \leqslant V$	$1\,200 \leqslant N$	$2\,000 \leqslant L_{20}<3\,000$	70
$80 \leqslant V$	$N \leqslant 350$	$3\,000 \leqslant L_{20}<4\,000$	70
$60<V \leqslant 70$	$750<N<1\,200$	$3\,000 \leqslant L_{20}<4\,000$	70
60	$1\,200 \leqslant N$	$3\,000 \leqslant L_{20}<4\,000$	70
$50<V<60$	$750 \leqslant N \leqslant 1\,200$	$4\,000 \leqslant L_{20}$	70
$80 \leqslant V$	$350 \leqslant N<750$	$3\,000 \leqslant L_{20}<4\,000$	80
$60<V<70$	$N<750$	$4\,000 \leqslant L_{20}$	80
$70 \leqslant V<80$	$350<N<750$	$3\,000 \leqslant L_{20}<4\,000$	80
60	$750 \leqslant N<1\,200$	$4\,000 \leqslant L_{20}$	80
$60<V<80$	$750 \leqslant N$	$3\,000 \leqslant L_{20}<4\,000$	90
$70 \leqslant V<80$	$N \leqslant 350$	$4\,000 \leqslant L_{20}$	90
60	$1\,200 \leqslant N$	$4\,000 \leqslant L_{20}$	90
$80 \leqslant V$	$N<750$	$4\,000 \leqslant L_{20}$	100
$70 \leqslant V<80$	$350 \leqslant N<750$	$4\,000 \leqslant L_{20}$	100
$60<V<70$	$1\,200 \leqslant N$	$4\,000 \leqslant L_{20}$	100
$70 \leqslant V<80$	$1\,200 \leqslant N$	$3\,000 \leqslant L_{20}<4\,000$	100
$80 \leqslant V$	$1\,200 \leqslant N$	$3\,000 \leqslant L_{20}<4\,000$	110
$70 \leqslant V<80$	$750 \leqslant N<1\,200$	$4\,000 \leqslant L_{20}$	110
$80 \leqslant V$	$750 \leqslant N<1\,200$	$4\,000 \leqslant L_{20}$	120
$70 \leqslant V<80$	$1\,200 \leqslant N$	$4\,000 \leqslant L_{20}$	120
$80 \leqslant V$	$1\,200 \leqslant N$	$4\,000 \leqslant L_{20}$	140

由表 7-2 可知，车速、洞外亮度取同一范围，车流量不同时，洞内亮度不同；车速、车流量取同一范围，洞外亮度不同时，洞内亮度不同，

如 60km/h<V<70km/h，350veh/(h·ln)<N⩽750veh/(h·ln)，500cd/m^2⩽L_{20}<1 000cd/m^2，洞内亮度取 10cd/m^2；60km/h<V<70km/h，N<750veh/(h·ln)，3 000cd/m^2⩽L_{20}<4 000cd/m^2，洞内亮度取 50cd/m^2；60km/h <V<70km/h，350veh/(h·ln)<N<750veh/(h·ln)，2 000cd/m^2⩽L_{20}<3 000cd/m^2，洞内亮度取 40cd/m^2。洞外亮度、车流量取同一范围，车速不同时，洞内亮度不同，如 1 200cd/m^2⩽N，3 000cd/m^2⩽L_{20}<4 000cd/m^2，20km/h ⩽V<40km/h，洞内亮度取 40cd/m^2；1 200cd/m^2⩽N，3 000cd/m^2⩽L_{20}<4 000cd/m^2，70km/h ⩽V<80km/h，洞内亮度取 100cd/m^2。当车速取值范围较大时，洞内亮度相差较大。因此，隧道洞内亮度不能仅依靠人工控制方式或者自动控制方式，传统的控制方法使隧道洞内亮度不能根据洞外亮度、车流量、车速的变化而变化，造成照度不足或者照度浪费，应采用智能控制方法，根据洞外亮度、车流量、车速的变化实现隧道洞内亮度的智能化调节，以实现动态调光。

7.2　基于模糊控制的隧道洞内亮度实时控制

隧道照明智能运算和决策是隧道照明自动控制的核心。实现隧道照明的智能控制，关键是照明智能控制系统。智能控制方式包含多个分支，如专家智能控制、分级递阶控制、模糊控制、神经网络控制、遗传算法等，各个分支之间可相互融合。为解决传统控制方法无法精确控制的非线性复杂系统，采用模糊控制算法，根据车速、车流量、洞外亮度的变化进行洞内亮度的动态调光。本书隧道模糊控制算法主要是利用洞外亮度、车流量、车速等参数变化实现隧道洞内亮度实时动态调光，达到安全舒适、高效节能的照明效果。

7.2.1　隧道照明控制系统结构

隧道照明控制系统由洞外亮度检测仪、洞内亮度检测仪、微波车检仪、调光控制器、摄像机以及隧道照明监控管理软件组成，如图 7-1 所示。

入口段、出口段照明能够根据车流量、洞外亮度、车速三个参数进行调光，过渡段、中间段能够根据车流量、车速进行调光，系统整体框架如图 7-2 所示。

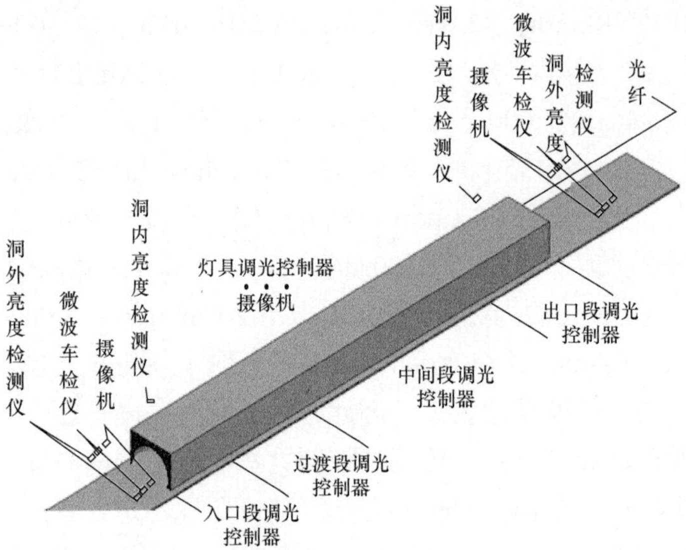

图 7-1　隧道照明控制系统布设示意图

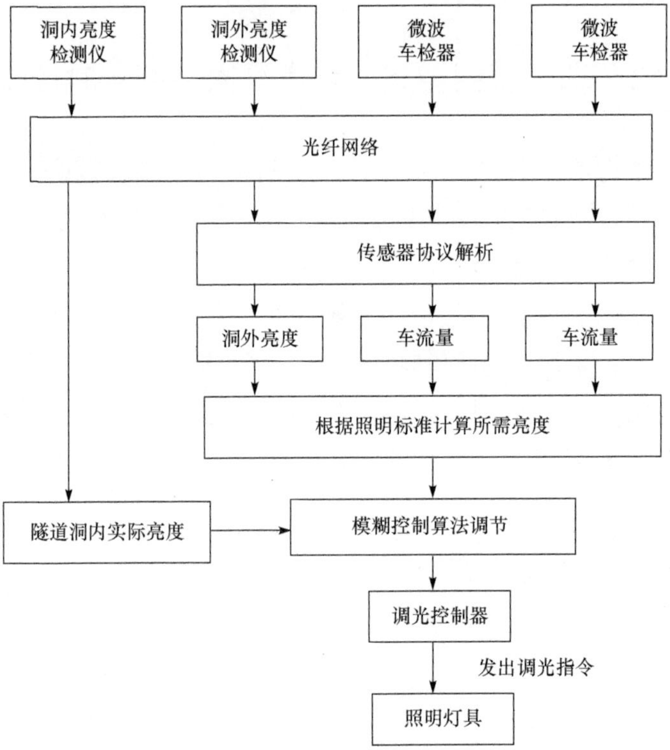

图 7-2　隧道智能照明系统整体框架图

在隧道洞口处安装洞外亮度检测仪、微波车检仪、摄像机，在洞内各段安装传感器，摄像机以一定距离安装，入口段安装入口亮度检测仪。

然后进行信息采集，采集隧道车速、车流量、洞内外亮度、时间和天气变化数据。车辆检测器主要包括两组对射的微波车检仪，微波车检仪用于检测进入隧道内部车辆的车速、车流量。亮度检测仪主要检测洞内外隧道亮度变化，两组数据是洞内灯具亮度调节的重要依据，是实现“按需照明”的数据基础。高清摄像机检测隧道出入口和隧道内部环境的行车环境、异常事件，拍摄距离至少 100m。

信息采集以后进行数据处理，将实时采集的洞内外亮度值、车速信息、车流量信息由光纤网络传送到变电所所在的控制服务器上，根据各传感器的协议对数据进行解析，利用照明标准计算隧道各段所需亮度。

最后进行智能化调光控制，利用模糊控制算法对隧道入口亮度进行调节，并将隧道各段的照明亮度由光纤网络发送至隧道调光控制器，使隧道内部路面实际亮度达到所需值。

7.2.2　隧道照明模糊控制算法

模糊控制是以模糊集理论、模糊语言变量和模糊逻辑推理为基础的一种智能控制方法，它从行为上模仿人的模糊推理和决策过程，其核心部分是模糊控制器，由计算机程序实现。

高速公路隧道照明模糊控制系统参数有多个，主要研究车速、车流量、隧道洞外亮度三个参数，控制系统如图 7-3 所示。

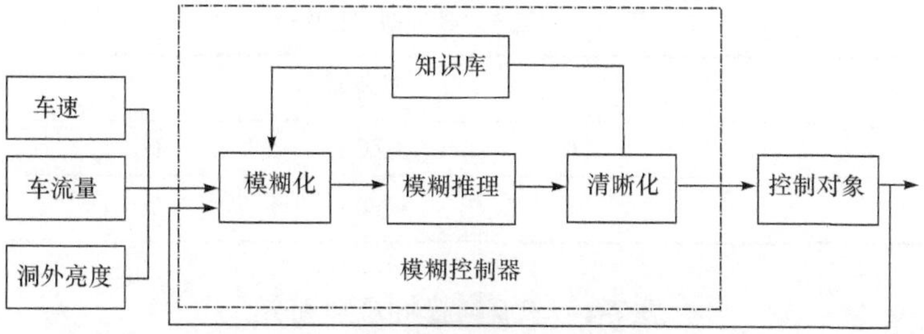

图 7-3　模糊逻辑控制系统

在模糊控制器中，隧道照明系统首先将车速、车流量、洞外亮度实时数据导入模糊控制器，然后进行模糊推理，最后将结果传入到隧道照明控制系统，实现动态调光。过程如下：

(1) 模糊化。将输入值转化为模糊语言变量，模糊语言变量是一个模糊集合，由隶属函数确定其中关系。

(2) 知识库。知识库由数据库和规则库两部分组成。数据库存放所有输入、输出变量的全部模糊子集的隶属度矢量值，提供处理模糊数据的相关定义。规则库则是基于专家知识或手动操作人员长期积累的经验，存放模糊控制规则。

(3) 模糊推理。根据模糊控制规则库和当前的输入状态，推断出输出状态的过程。

(4) 解模糊化。将推论所得到的模糊值转换为明确的控制信号，作为系统输入值。

7.2.3 隧道照明模糊控制器设计

根据 7.1 节隧道洞外亮度、车速、车流量对隧道洞内亮度的影响研究，将隧道洞外亮度、车速、车流量三个参数作为输入参数，以入口段的洞内亮度为输出参数，建立三参数输入单参数输出的控制模型，实现隧道照明亮度调节。

(1) 数据模糊化处理。根据《细则》要求，设定车速为[0，80]，车流量为[0，1 200]，洞外亮度[0，4 000]。系统输入数据的模糊规则划分见表 7-3～表 7-5。

表 7-3　车速模糊规则划分

参数	模糊集				
	NB	NS	ZO	PS	PB
车速/(km/h)	40	50	60	70	80

表 7-4　车流量模糊规则划分

参数	模糊集		
	NS	ZO	PS
车流量/[veh/(h·ln)]	300	750	1 200

表 7-5 洞外亮度模糊规则划分

参数	模糊集					
	NB	NS	NZ	PZ	PS	PB
洞外亮度/(cd/m²)	200	960	1 720	2 480	3 240	4 000

确定模糊控制规则后，建立隶属度函数，隶属函数不同曲线不同。在模糊控制中应用较多的隶属函数有高斯型隶属函数、广义钟型隶属函数、S 形隶属函数、梯形隶属函数、三角形隶属函数、Z 形隶属函数 6 种，三角形和梯形边缘不够平缓，稳定性不如高斯型和广义钟型隶属函数。在尖峰时，高斯型隶属函数控制灵敏度高于广义钟型隶属函数，为了保持平滑调光，追求尖峰的稳定性，选择广义钟型隶属函数。

(2) 知识库的建立。模糊化处理后，将其分割成 5、3、6 个模糊子集，使用 Mamdani 模型作为模糊推理系统的模型，选用 gbellmf 隶属度函数，构建模糊规则，可得 90 条模糊控制规则，模糊控制规则见表 7-6。

表 7-6 隧道照明调光模糊规则

车速-车流量-洞内亮度	洞外亮度 L_{20}					
	NB	NS	NZ	PZ	PS	PB
NB-NS	NB	NB	NB	NB	NB	NB
NB-ZO	NB	NB	NB	NB	NB	NB
NB-PS	NB	NB	NB	NB	NQ	NM
NS-NS	NS	NS	NS	NS	NS	NS
NS-ZO	NB	NB	NB	NB	NM	NZ
NS-PS	NB	NB	NB	NB	NM	NZ
ZO-NS	NB	NB	NB	NB	NM	NS
ZO-ZO	NB	NB	NB	NQ	NS	ZO
ZO-PS	NB	NB	NB	NQ	NZ	PZ
PS-NS	NB	NB	NQ	NQ	PZ	NZ
PS-ZO	NB	NB	NB	NS	PZ	PM
PS-PS	NB	NB	NB	NS	PS	PQ
PB-NS	NB	NB	NB	NQ	NZ	PS
PB-ZO	NB	NB	NB	NS	PZ	PQ
PB-PS	NB	NB	NQ	NZ	PM	NB

模糊控制规则如下：

If(洞外亮度 L_{20} is NB)and(车速 V is NB)and(车流量 N is NS)then(洞内亮度 L is NB)(1)

If(洞外亮度 L_{20} is NS)and(车速 V is NB)and(车流量 N is NS)then(洞内亮度 L is NB)(1)

If(洞外亮度 L_{20} is PZ)and(车速 V is NB)and(车流量 N is NS)then (洞内亮度 L is NB)(1)

If(洞外亮度 L_{20} is PS)and(车速 V is NB)and(车流量 N is NS)then (洞内亮度 L is NB)(1)

If(洞外亮度 L_{20} is PS)and(车速 V is PB)and(车流量 N is PS)then(洞内亮度 L is PM)(1)

If(洞外亮度 L_{20} is PB)and(车速 V is PB)and(车流量 N is PS)then(洞内亮度 L is NB)(1)

(3) 解模糊化处理。解模糊化的方法很多，其中重心法在理论上比较合理。重心法分析了模糊集合内的整体信息，根据隶属程度的不同偏重也不一样，它可以保障决策的客观性，因此，解模糊化使用重心法。

7.2.4 隧道照明仿真及结果分析

在仿真软件命令窗口执行 Fuzzy 命令，构建系统模型。输入车速 V，车流量 N，隧道洞外亮度 L_{20}，输出参数为洞内亮度 L，如图 7-4 所示。

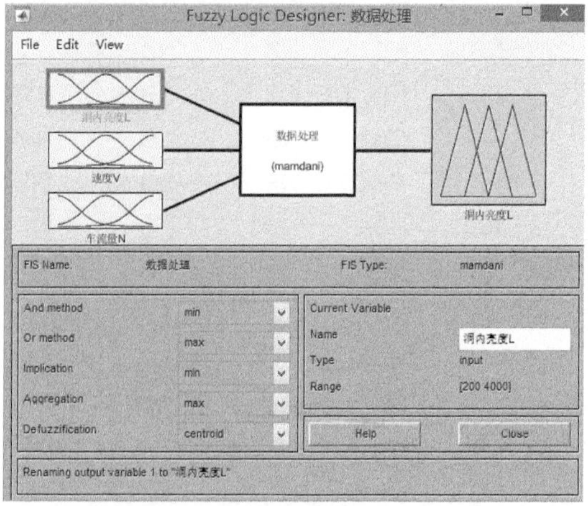

图 7-4　模糊推理系统主界面

当变量有多个时，在菜单中继续添加参数，设置输入参数模糊区间、名称和输出参数的论域区间，选择广义钟型作为仿真的隶属函数，解模糊化使用重心法。图 7-5～图 7-8 分别是经过编辑后的隶属度函数。

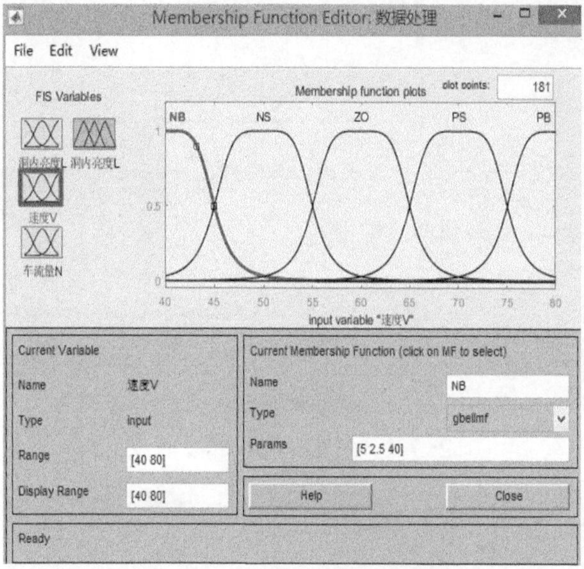

图 7-5　车速隶属度函数

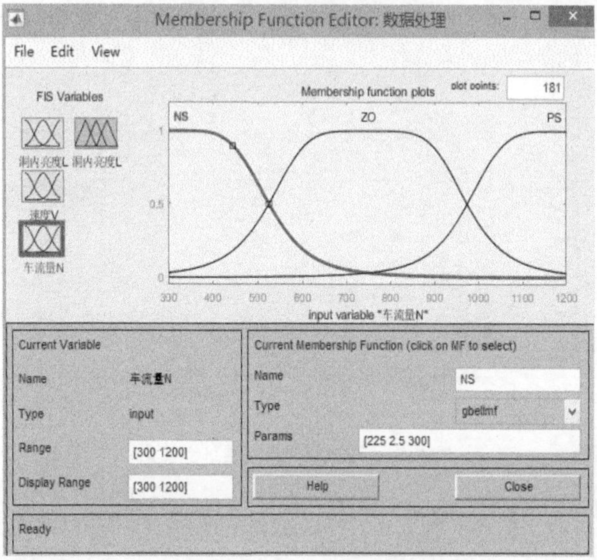

图 7-6　车流量隶属度函数

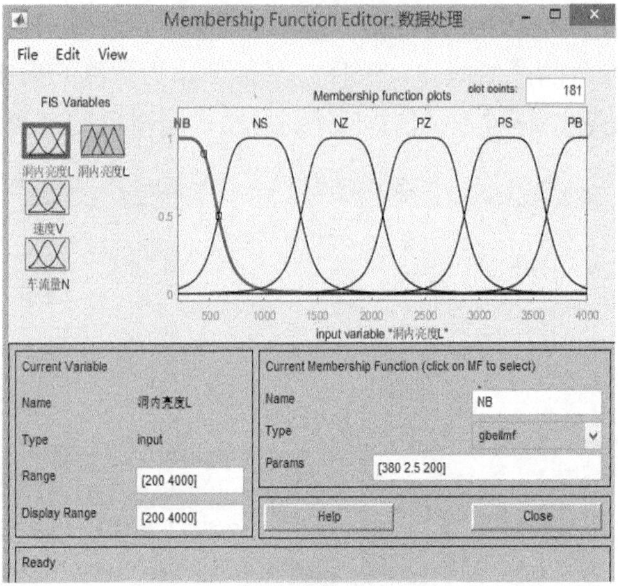

图 7-7　洞外亮度隶属度函数

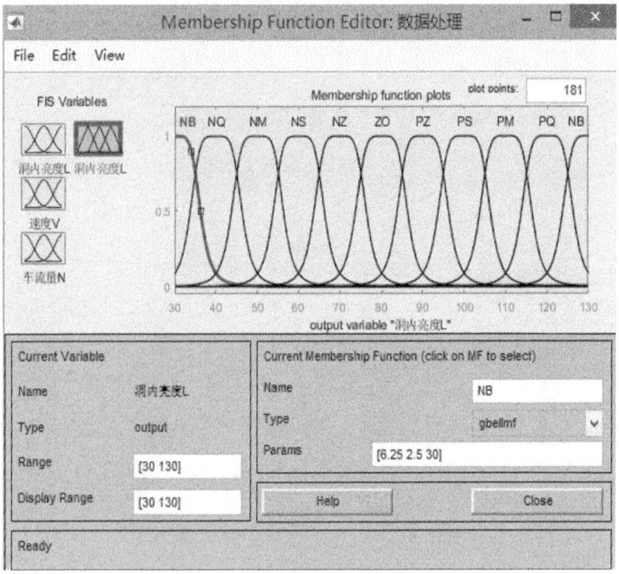

图 7-8　洞内亮度隶属度函数

车速 V、车流量 N、洞外亮度 L_{20} 之间相互作用时满足隶属规则，依次将 90 条规则添加到模糊推理规则编辑器中，如图 7-9 所示。

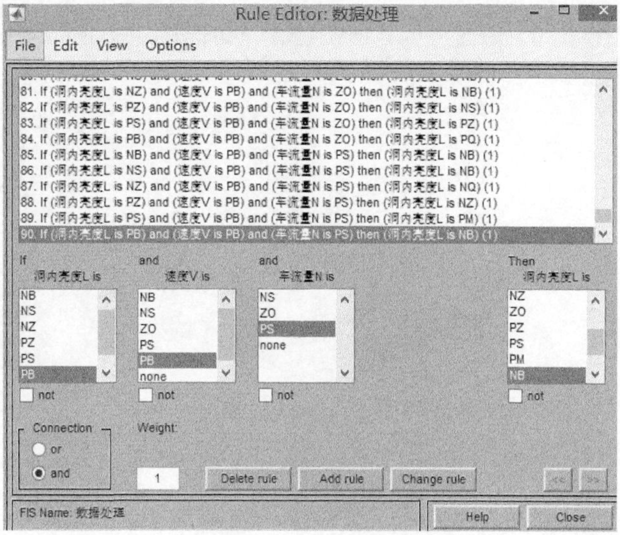

图 7-9 模糊规则界面

当洞外亮度为 3 000cd/m^2，车速为 8km/h，车流量为 750veh/(h·ln)时，根据模糊控制规则，可得如图 7-10 所示的结果。当车流量取定值为750veh/(h·ln)，洞外亮度和车速变化时，输出洞内亮度如图 7-11 所示。当车速取定值为 80km/h、车流量和洞外亮度变化时，输出洞内亮度如图 7-12 所示。当洞外亮度取定值 3 000 cd/m^2，车速和车流量变化时，输出洞内亮度如图 7-13 所示。

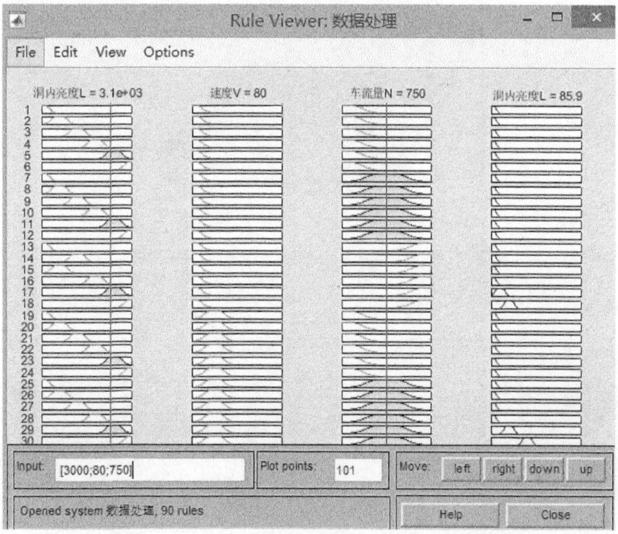

图 7-10 模糊推理系统动态仿真环境

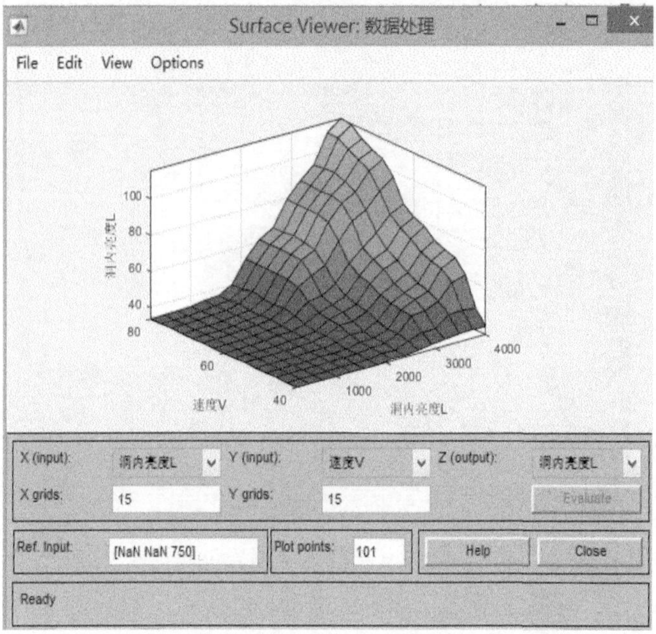

图 7-11　车流量取定值输出洞内亮度曲面图

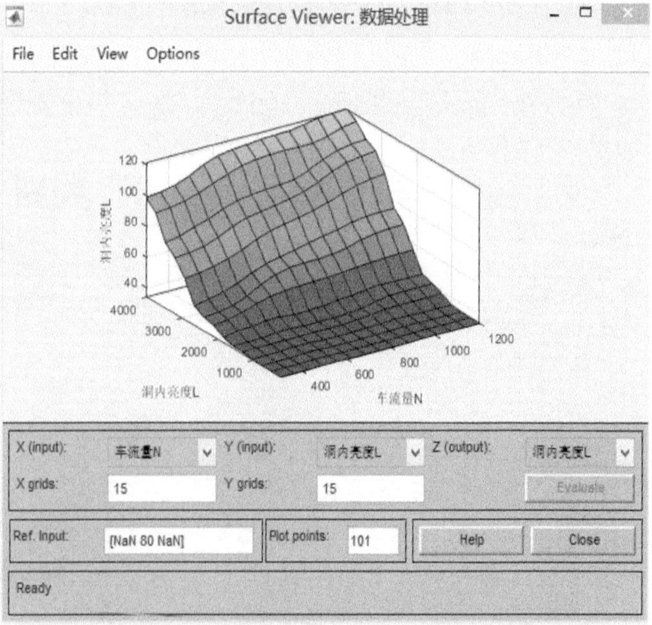

图 7-12　车速取定值输出洞内亮度曲面图

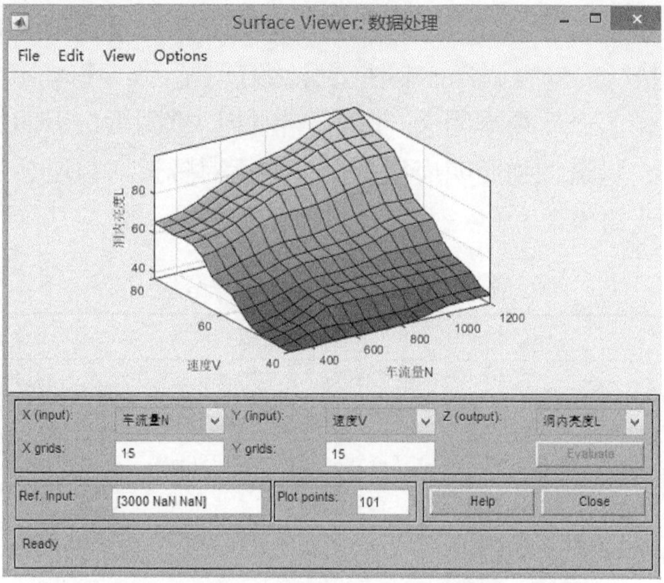

图 7-13　洞外亮度取定值输出洞内亮度曲面图

仿真软件输出结果显示，当车流量和洞外亮度很大时，需要的洞内亮度值很大。当车流量和洞外亮较小时，需要的洞内亮度也随之变小。隧道洞外亮度对洞内亮度影响大于其他两个因素，当车速、车流量处于相当水平，而洞外亮度相差较大，则入口段洞内所需亮度也相差较大。隧道照明不会因为少数车辆高速行驶而调高亮度，车流量和洞外亮度较高时也不会因低速行驶调低亮度。根据隧道洞外实时采集的三个参数以及输出隧道实时洞内亮度显示，一天之内洞内亮度需要调节的范围很大，不是一个固定值，中午时间洞内亮度较大，其他时间的亮度值远远达不到。若按中午时间亮度运行，必然造成能耗浪费。如果按中等亮度运行，则行驶安全无法保证。因此，实时调控洞内亮度既要降低能耗，又要满足驾驶需求，做到动态调控。

7.3　隧道照明模糊控制与分级调光控制

7.3.1　分级调光模式

隧道照明采用时序控制，根据天气和季节变化，采用不同回路进行控制，自动开启或者关闭回路进行分级调光控制。该控制方式简单易行，在实际应用中较可靠。《细则》对白天不同气候条件加强照明调光分级按推荐表 7-7 执行。分级调光控制主要分为夏季晴天、其他季节晴天/夏季云天、其他季节云天/夏季阴天、其他季节阴天/重阴天白天四个级别进行控制。白天，隧道加强照明应根据洞外亮度对隧道入口段、过渡段和出口段设置调光方案。

表 7-7　白天加强照明调光分级

参数	分级			
	夏季晴天	其他季节晴天/夏季云天	其他季节云天/夏季阴天	其他季节阴天/重阴天
亮度	$L_{20}(S)$	$0.5L_{20}(S)$	$0.25L_{20}(S)$	$0.13L_{20}(S)$

7.3.2　分级调光模式分析

隧道照明根据夏季晴天、其他季节晴天/夏季云天、其他季节云天/夏季阴天、其他季节阴天/重阴天四个级别进行调光。计算得出了入口段 1、入口段 2、过渡段 1、过渡段 2、出口段 1、出口段 2 在不同天气下的亮度值，见表 7-8。每段都有各自的线路控制方案，不同的天气状况下线路控制方案不同，调光控制不同，隧道照明系统调控回路也不同。

表 7-8　入口段、过渡段亮度值　　(单位：cd/m^2)

天气状况	入口段 1	入口段 2	过渡段 1	过渡段 2
夏季晴天	90	45	13.5	4.5
其他季节晴天/夏季云天	45	22.5	6.75	2.25
其他季节云天/夏季阴天	22.5	11.25	3.375	1.125
其他季节阴天/重阴天	11.7	5.85	1.755	0.585

入口段 1 线路 A 为 LED 灯线路控制线路，线路 B 为无极灯控制线路，灯具布置效果如图 7-14 所示。

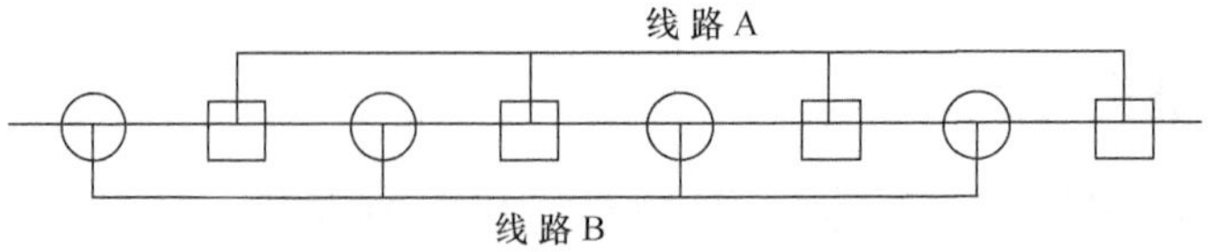

图 7-14　入口段 1 线路控制

经照明软件模拟显示，入口段 1 仅开线路 A，隧道路面平均亮度为 103.2cd/m^2，线路 A 的照度 3D 效果图如图 7-15 所示；仅开线路 B，隧道路面平均亮度为 44.5cd/m^2，照明 3D 效果如图 7-16 所示。等值线如图 7-17、图 7-18 所示。入口段、过渡段对应不同天气变化的亮度值见表 7-2。

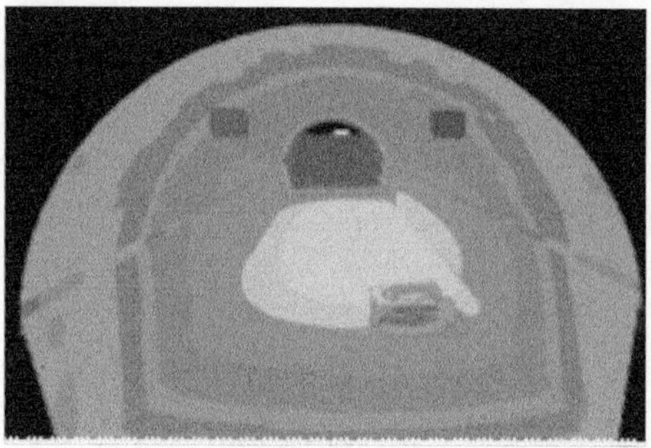

图 7-15　入口段 1 线路 A 照明 3D 效果图

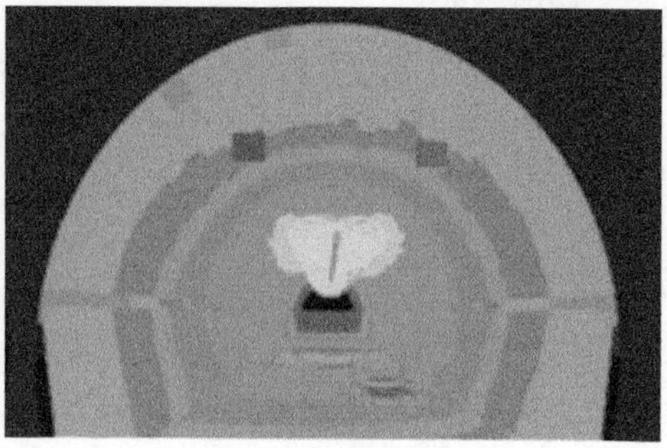

图 7-16　入口段 1 线路 B 照明 3D 效果图

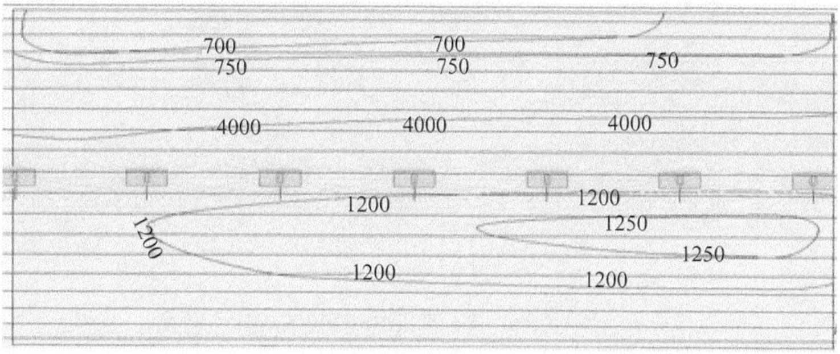

图 7-17　入口段 1 A 线路照度等值线

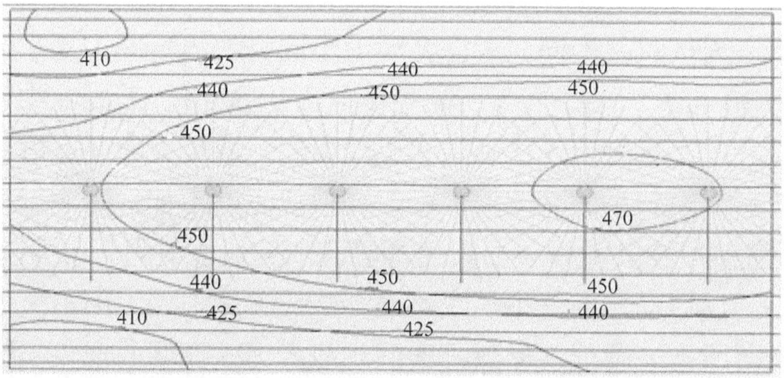

图 7-18　入口段 1 B 线路等值线照度

仿真 3D 效果图显示线路 A 和线路 B 的照度值相差较大，单独启用线路 A 则刚好满足夏季晴天亮度需求，但其他季节云天/夏季阴天、其他季节阴天/重阴天所需照度值偏小，仅启动线路 B 也会造成亮度的浪费。

入口段 2 线路控制图同入口段 1 一样。经模拟，仅启动线路 C 则隧道路面平均亮度达 25.9cd/m^2，仅开线路 D，则隧道路面平均亮度达 18.5cd/m^2。

过渡段 1 线路 G 为 LED 灯控制线路，线路 H 为无极灯控制线路，线路控制图同入口段 1 一样。经照明软件模拟，仅启动线路 G，则隧道路面平均亮度达 17.5cd/m^2，仅启动线路 H，则隧道路面平均亮度达 7.5cd/m^2。

过渡段 2 线路 E 为 LED 灯控制线路，线路 F 为无极灯控制线路，线路控制如图 7-19 所示。经模拟，仅开启线路 E，则隧道路面平均亮度达 2.11cd/m^2，仅开启线路 F，则隧道路面平均亮度达 1.47cd/m^2。

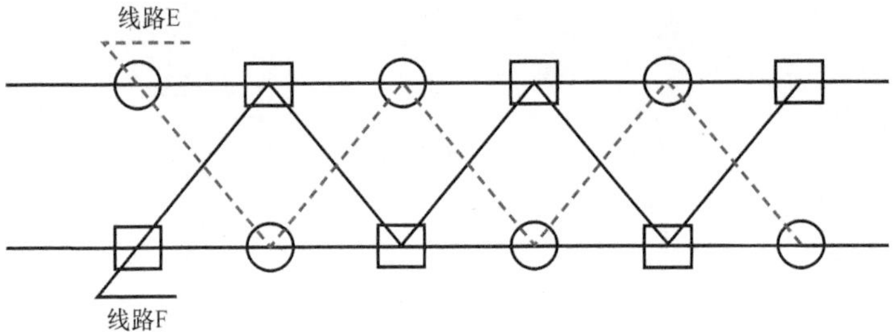

图 7-19　过渡段 2 线路控制

7.3.3　对比分析

季节、天气状况不同，所需亮度值不同，如入口段 1 夏季晴天所需亮度值为 90cd/m^2，夏季云天所需亮度值为 45cd/m^2，若处在中间，刚好晴天偏云，此时亮度值无法确定，比较模糊，取较大的亮度值，难免造成能源浪费，取较小的亮度值，可能会造成亮度不佳，影响行车环境。入口段、过渡段在其他季节云天/夏季阴天、其他季节阴天/重阴天所需照度值偏小，仅启动照度值小的线路也会造成亮度浪费。因不能根据车流量变化调节所需亮度值，导致过度照明或者无效照明的现象。因此需优化照明方式，精细化管理方式，实时动态调节照明亮度，减少资源浪费。

模糊控制可以根据洞外亮度、车流量、车速的变化实时调控洞内亮度变化。以夏季为例分析，当洞外亮度为 3 500cd/m^2、速度为 60 km/h、车流量为 750 veh/(h·ln)时，根据模糊控制算法计算出隧道洞内亮度为 67.1cd/m^2，如图 7-20 所示。按照时序分级控制，此时洞内亮度级别应调至最高级别 90cd/m^2，低一级亮度为 45cd/m^2，而 67.1cd/m^2 处于两者之间，选择较小级别实行亮度管控，虽可以节约耗能，但行车安全却得不到保障，若选择最高级别进行亮度调控，虽保障了行车安全，却浪费了大量能耗。与此同时，没有考虑车速、车流量的影响。当洞外亮度为 1 500cd/m^2、车速为 60km/h、车流量为 750veh/(h·ln)时，根据模糊控制算法计算出隧道洞内亮度为 35.4cd/m^2，处于 22.5cd/m^2 与 45cd/m^2 之间，同样面临行车安全与耗能的问题。模糊控制算法利用洞外亮度、车速、车流量三个参数之间的关系对隧道洞内亮度做到了实时调控，不仅提供了舒适的行车环境，而且大大降低了耗能，实现了隧道智能化照明。

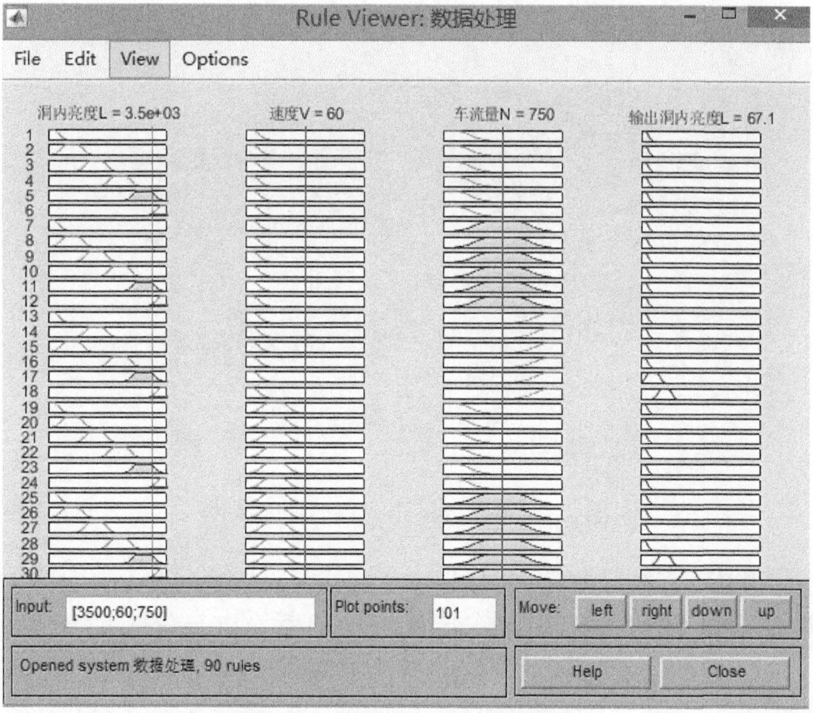

图 7-20　隧道洞内亮度实施调控

第八章　高速公路隧道照明节能研究

以张涿高速分水岭隧道为依托工程，对三种布灯方式与 LED 单灯布灯方式进行合理性研究，然后进行三种布灯方式和 LED 单灯布灯方式照明总费用计算分析，通过经济效益分析从三种布灯方式中选择经济合适的布灯方式。

张涿高速分水岭隧道全长 6.89km，其照明系统采用 LED 灯，灯具功率为 40W 两侧对称布置方式，入口段灯具布置间距较小，照明效果不很理想，分水岭隧道入口照明效果如图 8-1 所示。

图 8-1　分水岭隧道入口照明效果图

分水岭隧道入口照明方式设计在建设初期照明灯具横向间距小，使用灯具数量多，灯具费用高，后期维护和更换灯具等维护费用也随之增加。当隧道外部亮度大时，隧道入口亮度不能满足安全行车需求。针对隧道入口段的安全与节能问题，提出了三种混合布灯方式，并对 LED 单灯方式进行经济对比。

8.1　隧道照明布灯方式节能分析

隧道照明布灯采用中央布灯、两侧对称布灯、两侧交错布灯以及中线偏侧布灯四种方式，通过对隧道不同照明布灯方式照明效果及其能耗分析，了解不同照明方式在照明亮度与节能方面与隧道行车环境的匹配关系。隧道照明实验采用照明软件，以隧道中间段为例进行仿真分析。隧道长度300m，采用雷士LED灯系列，灯具型号为ZQ616b-LED100HT，灯具功率为 100W。主要研究布灯横向安装间距的不同对照明亮度及能耗的影响，因此只给定布灯高度参数，中央布灯方式和中线偏侧布灯方式的布灯高度为 6.5m，两侧布灯方式纵向安装间距为 2m，布灯高度为 5.5m，建立的隧道光环境 3D 模型如图 8-2 所示。

(a) 中央布灯方式3D效果图

(b) 中线偏侧布灯3D效果图

(c) 两侧对称布灯3D效果图

(d) 两侧交错布灯3D效果图

图 8-2　隧道布灯 3D 模型效果图

(1) 为了考虑灯具横向安装间距对其他布灯参数及能耗的影响，分别以 8m、9m、10m、11m、12m 为固定间距进行对比，利用照明软件建立的隧道光环境模型求得中央布灯方式 100W 的灯具安装高度、平均照度以及总功率的变化特征，通过照明软件得出计算数据(见表 8-1)。

表 8-1　中央布灯方式(100W)不同横向安装间距下道路平均照度以及总功率变化特征

横向安装间距/m	安装高度/m	灯具数量	平均照度/lx	总功率/kW
8	6.5	16	100	1.6
9	6.5	16	92	1.6
10	6.5	14	87	1.4
11	6.5	14	80	1.4
12	6.5	12	73	1.2

从表 8-1 可看出，在安装高度不变的情况下，横向安装间距越大，所需灯具数量越少，平均照度和总功率逐渐减小。当间距大于 12m 时，照明亮度不满足《细则》要求。中央布灯方式采用 LED 灯时，隧道照明横向安装间距不宜超过 12m，灯具安装间距越大，所需总功率越小，平均照度越小，不能满足行车安全所需亮度条件。

(2) 以中线偏侧布灯方式为基础，在灯具功率、纵向安装高度不变的情况下，进行横向安装间距与平均照度、总功率的变化特征分析(表 8-2)。

表 8-2　中线偏侧布灯方式(100W)不同横向安装间距下道路平均照度以及总功率变化特征

横向安装间距/m	安装高度/m	灯具数量	平均照度/lx	总功率/kW
8	6.5	16	92	1.6
9	6.5	16	80	1.6
10	6.5	14	68	1.4
11	6.5	14	50	1.4
12	6.5	12	43	1.2

从表 8-2 可知，中线偏侧布灯方式在灯具功率不变的情况下，与中央布灯方式相比，横向安装间距相同时，其平均亮度值均小于中央布灯方式下的亮度值，但所用总功率与中央布灯方式相差不大。

(3) 在两侧对称布灯方式的基础上，在灯具功率、安装高度不变的情况下，进行横向安装间距与平均照度、总功率的变化特征分析，数据结果见表 8-3。

表 8-3　两侧对称布灯方式(100W)不同横向安装间距下道路平均照度以及总功率变化特征

横向安装间距/m	安装高度/m	灯具数量	平均照度/lx	总功率/kW
8	5.5	16	250	1.6
9	5.5	16	220	1.6
10	5.5	14	201	1.4
11	5.5	14	187	1.4
12	5.5	12	169	1.2

从表 8-3 可看出，两侧对称布灯方式在灯具安装高度不变的情况下，随着横向安装间距的增大，所需灯具数量越少，道路平均照度和总功率逐渐减小。

(4) 以两侧交错布灯方式的基础上，在灯具功率、安装高度不变的情况下，进行横向安装间距与平均照度、总功率的变化特征分析，见表 8-4。

表 8-4　两侧交错布灯方式(100W)不同横向安装间距下道路平均照度以及总功率变化特征

横向安装间距/m	安装高度/m	灯具数量	平均照度/lx	总功率/kW
8	5.5	18	260	1.8
9	5.5	16	231	1.6
10	5.5	14	209	1.4
11	5.5	14	179	1.4
12	5.5	12	173	1.2

从表 8-4 可看出，设定灯具安装高度不变，随着横向安装间距增大，路面平均照度和总功率相对减小。因此，两侧交错布灯方式下，间距越小，平均照度越大，隧道亮度越大，但所需灯具数量越多，总功率也越大。

综上所述，在四种隧道照明灯具布灯方式中，总功率相差较小的情况下，中央布灯和中线偏侧布灯方式在路面亮度值方面相比于两侧布灯方式较小；两侧对称布灯与两侧交错布灯相比，在灯具功率、横向安装间距相同的情况下，两侧交错布灯方式下的路面亮度和总功率效果较好。

8.2 隧道照明方式合理性研究

高速公路隧道行车环境特殊，为保证行车安全与节能，隧道照明系统设计非常重要，应重视照明设施布置方式与布灯参数选取。

通过对三种灯具组合状态的仿真分析得出，三种布灯组合的路面照度总均匀度以及路面照度中线纵向均匀度均满足《细则》规定要求，但这三种布灯组合与单一灯源均在两侧对称布灯方式下，哪种布灯组合更为合理与适用，需进一步分析研究。三种布灯组合与LED灯源合理性对比见表8-5。

表 8-5　三种布灯组合与 LED 灯对比表

布灯方式	平均照度/lx	路面照度总均匀度	路面照度中线纵向均匀度
LED 灯+高压钠灯	83	0.65	0.72
LED 灯+荧光灯	107	0.57	0.62
荧光灯+高压钠灯	64	0.63	0.83
LED 灯	157	0.46	0.61

在布灯参数相同的条件下，可看出LED灯的平均照度最高，但其路面照度总均匀度和路面中线纵向均匀度效果不好，说明该布灯参数下并不适合LED灯布置。四种布灯方式下的照度均匀度对比如图8-3所示，平均照度对比如图8-4所示。

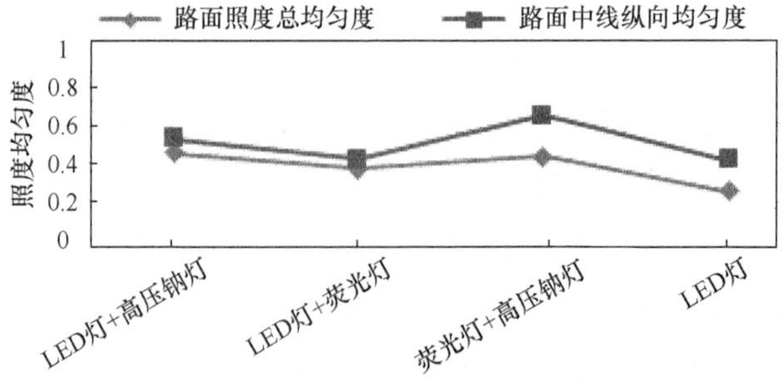

图 8-3　四种布灯方式的照度均匀度对比

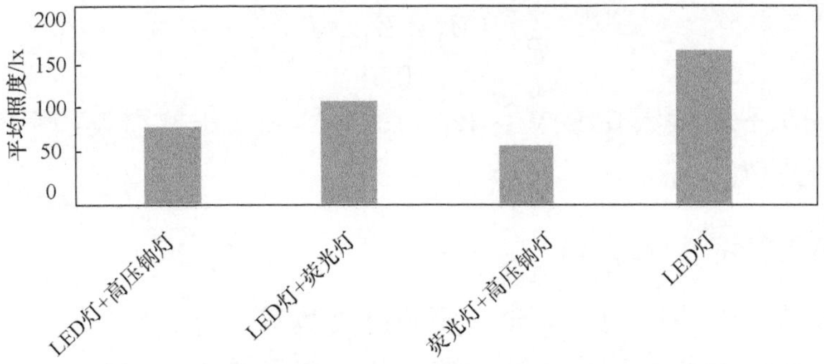

图 8-4　四种布灯方式下路面平均照度对比

从图 8-3、图 8-4 可知，荧光灯+高压钠灯组合下的路面照度均匀度值高于 0.6，虽然不是最高，但满足隧道中间段视觉需求，照明效果较好；LED 灯+高压钠灯组合状态下的均匀度、LED 单灯布置下均匀度数值较小，但 LED 灯的平均照度在四种方式下最大，而 LED 灯+荧光灯组合的照度以及路面均匀度最小，但均满足《细则》所规定的限值，并且 LED 灯+荧光灯组合状态下的照度高于另外两种混合布灯方案，该布灯方案在隧道入口处具有一定优势。

8.3　灯具经济适用性分析

隧道照明消耗巨大，需进一步对隧道照明系统进行节能研究。通过计算照明初次设备投资费用、寿命期内用电费用和维护费用，以选择节能好的照明系统。

8.3.1　光源经济性计算

对灯具进行经济实用性计算，$C_{光源}$表示光源在全寿命周期内所消耗的能源费用，包括用电费用、照明灯具的单价等，计算公式见(8-1)和式(8-2)：

$$C_{光源} = \frac{P + C_L}{\Phi \cdot T} \tag{8-1}$$

式中，C_L 为照明灯具单价 (元/只)；Φ 为光源光通量(lm)；T 为光源寿命(h)；P 为光源寿命期内消耗的电费(元)，其计算公式为

$$P = \frac{(W_L + W_B) \cdot T}{1000} \rho \tag{8-2}$$

式中，W_L为光源输入功率(W)；W_B为镇流器或变压器损失功率(W)；ρ为电费单价(元/(kW·h))。

8.3.2 灯具经济性计算

影响灯具经济性的因素包含照明灯具数量、灯具单价、灯具装配线的单价、折旧年数、灯具的清扫费单价、灯具所耗电费等。在比较灯具的经济性时，必须将上述因素一起考虑进去，灯具所产生单位光通量每月所需的照明费用$C_{灯具}$见(8-3)：

$$C_{灯具} = \frac{C_a \cdot t + C_c}{\Phi_0 (1 - gt/2) \cdot t} \tag{8-3}$$

式中，C_a为灯具的折旧费、所耗电费、光源价格费(元/月)；C_c为平均每清扫一次所需费用；t为清扫周期(月)；Φ_0为光源初始光通量(lm)；g为由于污染灯具输出光通量减光的比例(1/月)。

8.3.3 照明系统全寿命周期成本估算

对两种或两种以上的照明设计方案作经济比较时，应在照明条件近似和照明效果基本相同的条件下进行。目前，在对隧道照明方案进行经济计算时，多数只关注初期投入，对后期运营电费和维护费用考虑不够。对于新兴光源，如电磁感应灯和白光 LED 灯等，受技术水平限制，初期投入成本相对较高，但这些光源寿命长、能耗低，后期运营和维护费用相对较低。因此，在进行光源经济分析时，应对照明系统的全寿命周期成本进行计算，包括照明设备初期投资费、全寿命周期内的电力费和维护运行费用，见式(8-4)和式(8-5)。

$$C_q = C_{cs} + (M + P) \cdot S \tag{8-4}$$

式中，C_q为全寿命周期照明费用；C_{cs}为系统初始投入费用； M为年维护费；P为年电力费；S为系统寿命周期。

$$C_{cs} = C_E + C_B + C_1 \tag{8-5}$$

式中，C_E为灯具价格；C_B为镇流器或变压器及触发器等的价格；C_1为配线安装施工费。

8.4　灯具组合状态下经济效益评价

组合灯具在经济效益评价时,需对照明硬件系统和相应的智能化控制系统等软件系统进行综合考虑,本书只考虑照明系统的硬性装备,如灯具在全寿命周期的电费、后期维修费用和灯具线缆等物品的成本,计算公式见式(8-4)。

8.4.1　灯具费用计算

灯具计算费用见表 8-6。

表 8-6　灯具计算费用

布灯方式	功率/W	数量	单价/元	C_{cs}/万元
LED 灯+高压钠灯	70	50+50	600、206	4.03
LED 灯+荧光灯	70	50+50	600、480	5.4
荧光灯+高压钠灯	70	50+50	480、206	3.43
LED 灯	70	100	600	6.0

从表 8-6 可以看出，前期投资的多少主要取决于灯具单价，LED 单灯源投资最多，而荧光灯+高压钠灯组合投资最少，但是随着时间的推移，相应的运营维护费用是如何变化目前尚未确定结论。

8.4.2　照明用电费用计算

通过对隧道入口段的照明系统的用电量和电费计算，可以直观地了解隧道高耗能照明区段。隧道入口处照明系统需全天开启，设定灯具在不需要后期维修的时间是 50 000h，每度电的单价为 0.85 元，可计算三种组合布灯方式与 LED 单灯的用电费用(见表 8-7)。

表 8-7　照明用电费用

布灯方式	50 000h 总耗电量/(万 kW·h)	50 000h 总电费/万元
LED 灯+高压钠灯	35	29.75
LED 灯+荧光灯	35	29.75

续表

布灯方式	50 000h 总耗电量/(万 kW·h)	50 000h 总电费/万元
荧光灯+高压钠灯	35	29.75
LED 灯	35	29.75

8.4.3 灯具维护费用

灯具维护费用包括更换灯具所需费用和人工费，LED 灯的平均寿命可达到 50 000h 以上，计算灯具维护费用见表 8-8。

表 8-8 灯具维护费用

布灯方式	灯具更换次数	更换灯具费用/万元	人工费/万元	50 000h 维护费/万元
LED 灯+高压钠灯	1+2	5.06	1.39	6.45
LED 灯+荧光灯	1+1	5.4	0.93	6.33
荧光灯+高压钠灯	1+2	4.46	1.39	5.85
LED 灯	0.5	3	0.46	3.46

8.4.4 照明总费用

照明总费用计算见表 8-9。

表 8-9 照明总费用

布灯方式	灯具初始费用/万元	照明用电费用/万元	灯具维护费用/万元	总费用/万元
LED 灯+高压钠灯	4.03	29.75	6.45	40.23
LED 灯+荧光灯	5.4	29.75	6.33	41.48
荧光灯+高压钠灯	3.43	29.75	5.85	39.03
LED 灯	6	29.75	3.46	39.21

从表 8-9 可以看出，在 50 000h 生命周期内 LED 灯+荧光灯组合条件下总费用最高，其主要原因是灯具后期维护费用高导致的总费用升高。

而荧光灯+高压钠灯组合所需总费用为最低，但灯具需要更换的次数多，为运营管理带来不便。而 LED 单灯条件下前期投入巨大，但后期维护等费用相应的较少。在实际应用中，应结合隧道实际轮廓、车流量、车速选择合适的灯具布置方式，按照优化布灯参数布置灯具，最大限度地节省电能。

第九章　张涿高速公路南安庄隧道智能控制

张涿高速公路位于河北省西北部、北京市西部，局部地段位于两行政区的接合部位，是连接河北北部与中部的重要通道。南安庄隧道全长 2 997 m，双车道，隧道净宽 12.75m，高 5m，设计车速 80km/h。照明系统采用 LED 灯，灯具功率 40W，采用两侧对称布灯方式，布灯间距 15m，隧道入口照明效果如图 9-1 所示。

图 9-1　张涿南安庄隧道入口照明效果图

9.1　南安庄隧道照明优化方案

南安庄隧道设计照明优化方案：入口段 1、入口段 2 长度 48m，过渡段 1 为 77m，过渡段 2 为 222m，中间段为 2 542m，出口段 1、出口段 2 为 30m。入口段 1、入口段 2、过渡段 1、出口段 1、出口段 2 采用 LED 灯+无极灯，中央布灯，过渡段 2、中间段采用 LED 灯+无极灯进行两侧交错布灯，布灯间距及所需功率见表 9-1。

表 9-1　隧道灯具布置方案优化

参数	入口段1	入口段2	过渡段1	过渡段2	中间段	出口段1	出口段2
长度/m	48	48	77	222	2 542	30	30
布灯方式	中央布灯	中央布灯	中央布灯	两侧交错布灯	两侧交错布灯	中央布灯	中央布灯
灯具组合	LED 灯+无极灯	LED 灯+无极灯	LED 灯+无极灯	LED 灯+无极灯	LED 灯+无极灯	LED 灯+无极灯	LED 灯+无极灯
布灯间距/m	1	2.5	4	15	25	7	5
平均照度/lx	1 263	510	1 680	46.6	33	81.5	133
路面照度总均匀度	0.66	0.66	0.81	0.80	0.75	0.82	0.77
路面照度中线纵向均匀度	0.97	0.97	0.86	0.96	0.81	0.85	0.79
灯具数量	24+24	10+10	10+10	8+7	51+51	3+2	3+3
功率/W	7 248	3 020	1 440	1 078	7 344	358	432

9.2　南安庄隧道照明仿真

以张涿南安庄隧道为例，选取 2019 年 10 月某天 6:00 到 18:00 的洞外亮度、车速和车流量参数，输入模糊控制器中，使用模糊控制调光，根据车速、车流量、洞外亮度的变化求得洞内亮度值。采集数据见表 9-2，一天内洞外亮度的变化如图 9-2 所示。

表 9-2　隧道洞外实时采集参数

变量	数据						
时刻	6:00	8:00	10:00	12:00	14:00	16:00	18:00
洞外亮度	250	276	490	637	1 000	1 356	1 970
车速	60	65	67	71	72	75	77
车流量	125	198	262	316	380	415	445

续表

变量	数据						
时刻	9:30	10:00	10:30	11:00	11:30	12:00	12:30
洞外亮度	2 611	2 999	3 276	3 550	3 760	3 850	3 940
车速	74	75	75	77	80	80	75
车流量	556	620	700	789	1 038	1 169	1 200
时刻	13:00	13:30	14:00	14:30	15:00	15:30	16:00
洞外亮度	3 969	3 879	3 645	3 380	2 521	1 810	1 010
车速	75	78	79	80	78	77	76
车流量	1 310	1 372	1 230	1 086	973	903	682
时刻	16:30	17:00	17:30	18:00	—	—	—
洞外亮度	486	289	256	223	—	—	—
车速	71	77	78	68	—	—	—
车流量	753	586	472	392	—	—	—

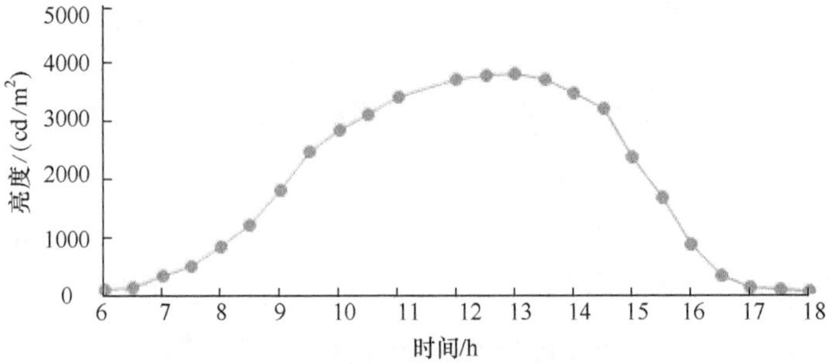

图 9-2　隧道洞外亮度变化

根据模糊控制规则输入一天内三个参数数值，利用仿真软件输出隧道洞内亮度数值(表 9-3)，当洞外亮度为 3 380cd/m^2、车速为 80km/h、车流量为 1 086veh/(h·ln)时，模糊推理系统动态仿真环境如图 9-3 所示。

表 9-3　隧道实时洞内亮度

变量	数据						
时刻	6:00	8:00	10:00	12:00	14:00	16:00	18:00
洞内亮度	33.7	34.5	34.5	34.5	34.7	39.6	44

续表

变量	数据						
时刻	9:30	10:00	10:30	11:00	11:30	12:00	12:30
洞内亮度	57.3	73.9	87.6	99	112	119	119
时刻	13:00	13:30	14:00	14:30	15:00	15:30	16:00
洞内亮度	119	119	114	106	68.3	42	35.2
时刻	16:30	17:00	17:30	18:00	—	—	—
洞内亮度	34	33.9	34	33.7	—	—	—

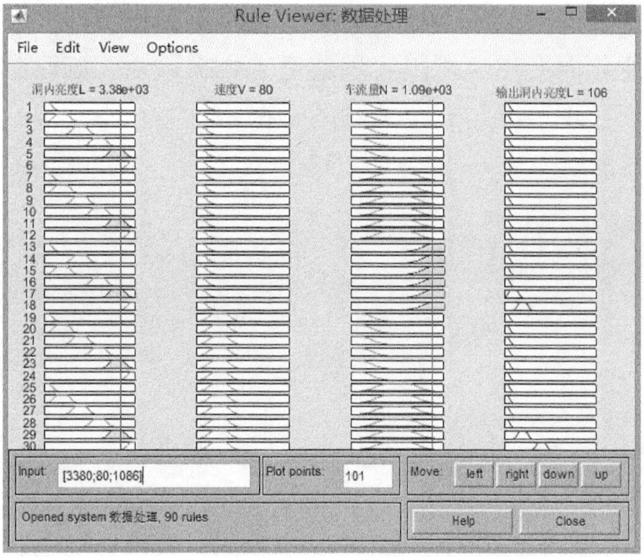

图 9-3　模糊推理系统动态仿真环境

将分级调光、最大亮度照明调光与模糊控制调光作对比，结果如图 9-4 所示，分级调值跳跃幅度太大，易形成亮度明暗不均的“斑马线”，扰乱驾驶员视线，导致行车安全隐患。最大亮度照明调光会造成亮度浪费、能源浪费，在晚上以最大亮度照明，隧道入口处会造成“白洞现象”，隧道出口处则会形成“黑洞现象”。图中曲线和横坐标所包围的区域代表相应模式的电能耗费。通过网格化处理可知，模糊控制调光比分级调光节约 21%的电能，比最大亮度照明调光节约 44%的电能。

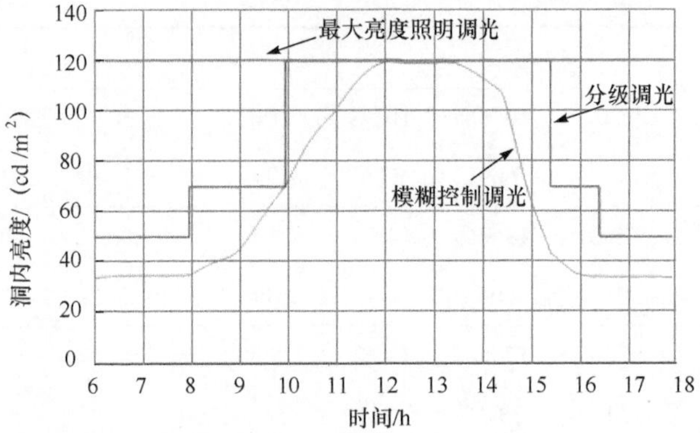

图 9-4　隧道控制方法对比

实时动态模糊控制系统输出的亮度可以根据隧道实时洞外亮度、车流量、车速变化而变化，可以实现隧道的无极调光，同时减少了不必要的电能浪费，实现节能与安全之间的平衡。

参 考 文 献

[1] 于娜, 丁伟智. LED 光源在隧道照明中的应用及节能分析[J]. 照明工程学报, 2016, 27 (1): 32-37.

[2] 施晓红, 庄晓波, 虞再道. 智能灯具及其标准的现状和研究[J]. 照明工程学报, 2016, 27 (1): 71-76.

[3] 潘国兵, 刘圳, 李灵爱. 公路隧道节能照明研究现状与展望[J]. 照明工程学报, 2017, 28(1): 102-106.

[4] 郭引萍, 惠秀娟. 智能照明调控系统在公路隧道中的应用[J]. 中国交通信息产业, 2010, (1): 91-94.

[5] 钱卫建. 高速公路隧道照明节能减排对策研究[J]. 中国交通信息化, 2016, (4): 127-129.

[6] 宋白桦. 智慧型公路隧道照明节能控制技术的应用分析[J]. 公路交通科技: 应用技术版, 2016, 12(5): 230-231.

[7] 秦莉. 公路隧道照明系统智能控制的关键技术研究[D]. 大连: 大连海事大学, 2019.

[8] Illuminating Engineering Society of North America. ANSI/IESNA RP-22-96 American National Standard Practice for Tunnel Lighting[S]. Washington: American National Standards Institute, 1996.

[9] Japan Highway Public Corporation. JIS Z9111-1988 Tunnel Lighting Design Guide[S]. Tokyo: Japanese Industry Standards Association, 1990.

[10] European Lighting Committee European Standards for Tunnel Lighting[S]. Brussels: European Standards Institution, 1997.

[11] Lopez J C. Determination of lighting and energy demands of road tunnels using vehicle based[J]. Photographs of the Portal Gates, 2017, 651: 451-458

[12] He S Y, Tähkämö L, Maksimainen M, et al. Effects of transient adaptation on drivers’ visual performance in road tunnel lighting[J]. Tunnelling and Underground Space Technology, 2017, 70: 45-49.

[13] Cami D L, Grimaldi D, Lamonaca F, et al. A smart control to operate the lighting system in the road tunnels[C]//International Conference on Intelligent Data Acquisition and Advanced Computing Systems, IEEE, 2013: 786-790.

[14] Musa M S, Nallagownden P, Chiu K W, et al. Design and development of intelligent

adaptive tunnel lighting system[C]//2015 IEEE Conference on Energy Conversion, 2015, (12): 19-20.

[15] Renzler M, Reithmaier N, Reinhardt R, et al. A road tunnel model for the systematic study of lighting situations[J]. Tunnelling and Underground Space Technology, 2018, 72: 918-923.

[16] Garcia J, Dalla-Costa M A, Cardesin J, et al. Dimming of high-brightness LED by means of luminous flux thermal estimation[J]. IEEE Transactions on Power Electonics, 2009, 24(4): 1107-1114.

[17] Parise G, Martirano L, Parise L. The energetic impact of the lighting system in the road tunnels[J]. IEEE Transactions on Industry Applications, 2015, 2: 1-7.

[18] Pachamanov A, Pachamanova D. Optimization of the light distribution of luminaries for tunnel and street lighting[J]. Engineering Optimization, 2008, 40(1): 47-65.

[19] Lai W, Liu X M, Chen W M, et al. Light intensity distribution optimization for tunnel lamps in different zones of a long tunnel[J]. Optics Express, 2014, 22(19): 22952-22961.

[20] Qin L, Dong L, Xu W, et al. An intelligent luminance control method for tunnel lighting based on traffic volume[J]. Sustainability, 2017, 9(12): 2208.

[21] Tran D, Tan Y K. Sensorless illumination control of a net-worked LED-lighting system using feed forward neural network[J]. IEEE Transactions on Industrial Electronics, 2014, 61(4): 2113-2121.

[22] 史玲娜, 涂耘, 王小军. 新旧规范对比下的隧道照明节能设计研究[J]. 照明工程学报, 2015, 26(1): 50-54.

[23] 王乾，马非，宫伟军，等. 公路隧道洞外生态减光模型试验研究[J]. 公路, 2018, 63(1): 228-231.

[24] 杨翠, 余波, 胡国辉, 等. 山区高速公路隧道照明节能新思路[J]. 公路, 2018, 63(2): 166-169.

[25] 王锦超. 公路隧道自适应照明控制方案设计与应用[D]. 西安: 长安大学, 2017.

[26] 郭春. 不同交通量情况下的公路隧道节能安全照明研究[C]//海峡两岸第二十二届照明科技与营销研讨会专题报告暨论文集. 中国照明学会, 2015: 5.

[27] 肖少宁, 王毅, 陈磊, 等. 浅析 LED 灯具在隧道照明系统中的应用[J]. 公路交通科技: 应用技术版, 2018, 14(3): 243-245.

[28] 李然，申瑞君，吴关. 公路隧道照明灯具最佳安装位置研究[J]. 公路, 2015, 60(10): 268-272.

[29] 顾永鑫. 灯具细化控制的公路隧道照明控制系统及其软件设计[D]. 西安: 长安大学, 2016.

[30] 韩文元, 殷杰, 杨勇, 等. 公路隧道照明灯具有效能效指标分析[J]. 公路交通科技, 2015, 32(11): 94-99.
[31] 沙欣. LED 光源在黄延高速公路隧道照明中的节能技术研究[J]. 公路工程, 2018, 43(6): 299-303.
[32] 游峰, 刘宜恩, 刘易家. 基于连廊的隧道照明节能研究[J]. 重庆交通大学学报: 自然科学版, 2018, 24(11): 1-7.
[33] 周园会, 刘显明, 史玲娜, 等. 基于阳光定向器的隧道入口段反射式照明系统[J]. 照明工程学报, 2018, 29(2): 85-90.
[34] 中华人民共和国交通运输部. JTG/J D70/2-01—2014 公路隧道照明设计细则[S]. 北京: 人民交通出版社, 2014.
[35] 张伟刚, 瞿少成, 秦天柱, 等. 高速公路隧道照明节能模糊控制系统[J]. 电子测量与仪器学报, 2017, 31(12): 2049-2055.
[36] 何威, 秦会斌, 杜冠峰. 基于模糊 PID 算法的隧道照明控制系统的设计[J/OL]. 测控技术: 1-5[2020-02-12]. https: //doi.org/10.19708/j.ckjs.2019.12.225.
[37] 秦慧芳, 郭佑民, 罗荣辉. 基于模糊神经网络的公路隧道照明控制系统研究[J]. 隧道建设(中英文), 2017, 37(S2): 115-120.
[38] 范士娟. 公路隧道照明中央布灯参数优化研究[J]. 华东交通大学学报, 2016, 33(4): 67-72.
[39] 吴绍明, 吴梦军, 马非, 等. 三车道公路隧道照明灯具布置参数研究[J]. 地下空间与工程学报, 2017, 13(S1): 471-475.
[40] 杨超, 程翠. 公路隧道照明灯具利用系数研究[J]. 照明工程学报, 2017, 28(1): 97-101.
[41] 王首硕, 杜志刚, 赵爽, 等. 低等级公路隧道入口光环境优化新思路[J]. 公路交通技术, 2018, 34(S1): 83-88.
[42] 杨超, 李敏, 肖宇, 等. 配光曲线和布灯方式对隧道照明功耗及照明效果的影响[J]. 现代隧道技术, 2018, 55(6): 131-138.
[43] 薛保勇, 周根耀, 李雪, 等. 隧道照明布灯方式 Ecotect 仿真及分析[J]. 公路交通科技: 应用技术版, 2014, 10(11): 131-134.
[44] 杨剑. 基于实测数据的高速铁路隧道照明方案优化[J]. 铁道工程学报, 2014, (6): 72-76.
[45] 杜志刚, 徐弯弯. 针对城市道路眩光的防眩设施改善设计[J]. 公路, 2017, 62(9): 249-256.
[46] 吴玲, 张冬梅. 高速公路中长隧道出入口段视错觉减速标线设置研究[J]. 中国安全科学学报, 2016, 26(1): 81-86.
[47] Vest A, Stamatiadis N. Use of warning signs and markings to reduce speeds on

curves[C] //TRB 84th Annual Meeting, Washington D.C., 2005
[48] 王婷, 杜志刚, 郑展骥, 等. 高速公路隧道出口视觉环境改善方法研究[J]. 公路, 2016, 61(8): 145-150.
[49] 尚婷, 唐伯明, 陶盼盼. 公路视错觉减速标线横向宽度及角度与减速效果研究[J]. 中外公路, 2016, 36(2): 303-306.
[50] 于广鹏, 谭德荣, 田厚杰, 等. 基于模糊推理的驾驶员反应时间修正研究[J]. 广西大学学报: 自然科学版, 2014, 39(6): 1234-1239.
[51] 刘英婴, 陈建忠, 张青文, 等. 基于反应时间的光源色温对隧道入口段交通安全的影响[J]. 公路交通科技, 2015, 32(2): 114-118, 133.
[52] 左小磊. 关于光源色温对隧道照明效果影响的研究[D]. 大连: 大连海事大学, 2017.
[53] 王亚楠. 隧道照明环境对驾驶人反应时间影响分析研究[D]. 西安: 长安大学, 2017.
[54] 杜志刚, 徐弯弯, 孟爽, 等. 基于视错觉的公路隧道环境改善研究新进展[J]. 武汉理工大学学报: 交通科学与工程版, 2017, 41(2): 185-190.
[55] 胡江碧, 马文倩. 基于驾驶视认需求的隧道入口段光环境研究[J]. 上海交通大学学报, 2015, 49(4): 464-469.
[56] 田晶晶, 李世武, 孙文财, 等. 高速公路隧道环境对驾驶人视觉特性的影响[J]. 长安大学学报: 自然科学版, 2015, 35(S1): 216-221.
[57] 赵炜华, 王丽华, 叶飞, 等. 驾驶人所处环境照度对视认距离影响[J]. 交通信息与安全, 2013, 31(6): 11-16, 22.
[58] 郭凯, 刘小清. 隧道辅助照明多功能蓄光发光涂料的应用研究[J]. 公路, 2017, 62(10): 262-265.
[59] 黄传茂. 高速公路隧道照明系统布灯参数优化研究[D]. 南昌: 华东交通大学, 2016.
[60] 杨超, 程翠. 基于布灯参数优化的隧道照明节能控制[J]. 华东交通大学学报, 2017, 34(2): 128-133.
[61] 张天根, 张兰芳. 公路隧道入口自然光过渡研究[J]. 公路交通科技: 应用技术版, 2017, 13(1): 137-140.